O HOMEM
QUE LUTOU
COM DEUS

Dados Internacionais de Catalogação na Publicação (CIP)
(Câmara Brasileira do Livro, SP, Brasil)

Sanford, John A.
 O homem que lutou com Deus : luz a partir do Antigo Testamento sobre a Psicologia da Individuação / John A. Sanford ; tradução Gentil Avelino Titton. – Petrópolis : Vozes, 2020. – (Coleção Reflexões Junguianas)

 Título original: The man who wrestled with God : light from the Old Testament on the psychology of individuation

 Bibliografia.
 ISBN 978-85-326-6468-6

 1. Bíblia. Antigo Testamento – Biografia 2. Individuação (Psicologia) 3. Psicologia 4. Separação (Psicologia) I. Título II. Série.

20-33904 CDD-221.92

Índices para catálogo sistemático:
1. Bíblia : Antigo Testamento : Biografias cristãs : Cristianismo   221.92

Maria Alice Ferreira – Bibliotecária – CRB-8/7964

John A. Sanford

O HOMEM QUE LUTOU COM DEUS

Luz a partir do
Antigo Testamento
sobre a Psicologia
da Individuação

Tradução de Gentil Avelino Titton

EDITORA
VOZES

Petrópolis

© 1974, 1981, 1987 by John A. Sanford.
Publicado por Paulist Press, 997 Macarthur Blvd., Mahwah, NJ 07430 USA

Título do original em inglês: The Man Who Wrestled With God – Light from
the Old Testament on the Psychology of Individuation

Direitos de publicação em língua portuguesa – Brasil:
2020, Editora Vozes Ltda.
Rua Frei Luís, 100
25689-900 Petrópolis, RJ
www.vozes.com.br
Brasil

Todos os direitos reservados. Nenhuma parte desta obra poderá ser
reproduzida ou transmitida por qualquer forma e/ou quaisquer meios
(eletrônico ou mecânico, incluindo fotocópia e gravação) ou arquivada em
qualquer sistema ou banco de dados sem permissão escrita da editora.

CONSELHO EDITORIAL

Diretor
Gilberto Gonçalves Garcia

Editores
Aline dos Santos Carneiro
Edrian Josué Pasini
Marilac Loraine Oleniki
Welder Lancieri Marchini

Conselheiros
Francisco Morás
Ludovico Garmus
Teobaldo Heidemann
Volney J. Berkenbrock

Secretário executivo
João Batista Kreuch

Editoração: Ana Lucia Q.M. Carvalho
Diagramação: Sheilandre Desenv. Gráfico
Revisão gráfica: Nilton Braz da Rocha
Capa: Editora Vozes

ISBN 978-85-326-6468-6 (Brasil)
ISBN 978-0-8091-2937-9 (Estados Unidos)

Editado conforme o novo acordo ortográfico.

Este livro foi composto e impresso pela Editora Vozes Ltda.

Sumário

Prefácio, 7

Introdução – O que diz uma história?, 9

Parte I – O homem que lutou com Deus, 15
1 A astúcia de Jacó, 17
2 A transformação de Jacó, 32
3 Uma luta corpo a corpo com Deus, 54

Parte II – O escravo que governou uma nação, 67
4 Um jovem arrogante, 69
5 Nas profundezas, 79
6 A reviravolta, 97
7 Os irmãos de José, 106

Parte III – O herói relutante, 117
8 Nascimento do herói, 119
9 A criação de um herói, 125
10 O herói relutante, 132

Parte IV – Em defesa de Adão e Eva, 143
11 O que é um mito?, 145
12 O homem original, 150

Apêndice – Sumário das psicologias de C.G. Jung e Fritz Kunkel, 175

Índice geral, 187

Índice bíblico, 199

*Dedicado à minha filha
Katia, a quem eu costumava ler
estas histórias tiradas do Antigo
Testamento.*

 # Prefácio

O homem que lutou com Deus foi publicado pela primeira vez em 1974. Acolho com prazer a oportunidade de apresentar uma edição revisada deste livro que trata dos fascinantes personagens bíblicos de Jacó, José, Moisés e Rebeca.

As revisões incidem sobre quatro áreas. Em primeiro lugar, existem muitas mudanças sutis, mas muitas vezes importantes, no fraseado. Por exemplo, eliminei o uso do pronome masculino para referir-me a pessoas de ambos os sexos e o substituí por "he" (ele) ou "she" (ela) ou, algumas vezes, por "s/he". Em alguns poucos casos em que esse uso é canhestro, alternei entre um pronome masculino e um pronome feminino usados genericamente. No entanto, quando me refiro ao Deus dos relatos do Antigo Testamento, uso o pronome masculino. Embora concorde que nossa imagem de Deus precisa conter tanto o elemento feminino quanto o elemento masculino, o fato é que no Antigo Testamento o pronome masculino é usado ao referir-se à divindade, e penso que deveríamos seguir esta prática.

Em segundo lugar, existem alguns trechos nos quais mudei, ou acrescentei, seções inteiras. Um destes é o relato da relação de José com a esposa de Putifar. Esta versão contém considerações que não se encontram na versão anterior.

Em terceiro lugar, na versão revisada existe mais material explicitamente psicológico, inclusive um apêndice no final, no qual apresento um resumo das principais ideias psicológicas que constituem a base das questões principais abordadas no livro. Estas ideias são tomadas das psicologias de C.G. Jung e de Fritz Kunkel, e meu sumário se destina aos leitores que não estão familiarizados com a obra deles. O sumário é adaptado de um sumário semelhante que se encontra em meu livro *King Saul: The Tragic Hero* (*Rei Saul: O herói trágico*).

Finalmente, o leitor descobrirá que meu tratamento da história de Adão e Eva presente no livro do Gênesis sofreu uma mudança considerável. Reflete novas reflexões que mudaram minha perspectiva a respeito desta história que é tão fundamental em nossa psicologia e teologia ocidentais.

Introdução
O que diz uma história?

Laurens van der Post, o explorador e autor sul-africano que certa vez viveu por muitos meses entre os bosquímanos do deserto de Kalahari, teve como um de seus principais objetivos coletar as histórias deste povo primitivo. Mas, apesar de insistir por muitos meses, todo pedido de informação dirigido a eles era acolhido com olhares vazios ou com uma negação de que essas histórias existissem. Só depois de ele ter conhecido esse povo tímido por um longo tempo, e eles o terem aceitado como um amigo confiável, finalmente compartilharam com ele suas fascinantes histórias sobre a origem do mundo, sobre o primeiro homem, sobre como foram criados os animais e as outras narrativas que constituíam o tesouro popular coletivo deste povo remoto e pouco conhecido. Van der Post percebeu que os bosquímanos haviam hesitado por tanto tempo em compartilhar com ele suas histórias porque acreditavam que as histórias continham sua alma como povo e que, se algum inimigo chegasse a apossar-se delas, ele teria os meios para destruí-los espiritualmente.

Isto mostra como as histórias são tão importantes para um povo primitivo como os bosquímanos do Kalahari. Mas qualquer criança poderia nos ter contado a mesma coisa. Porque, de uma maneira exatamente semelhante, as histórias (populares ou de fadas) arquetípicas relacionam uma criança com a alma; são curativas para o espírito da criança, enriquecedoras para a imaginação. Recordo certa ocasião em que um casal que nos visitou no sul da Califórnia trouxe seu filho pequeno numa excursão até a cidade próxima de Tijuana, no México. Era um dia terrivelmente quente, o trânsito era horrível, a cidade estava abarrotada e houve uma longa espera no carro na fronteira antes de a família poder regressar aos Estados Unidos. Quando chegaram a San Diego, o menino estava completamente em frangalhos, sendo um peso para si mesmo e uma irritação para todos ao seu redor. Algo me disse: "Ele precisa de uma história". Então lhe contei o conto de fadas de João e Maria (Hänsel und Gretel) e a terrível bruxa que quase os comeu, mas que foi enganada na hora pelas crianças espertas e criativas. O rapazinho ouviu de olhos bem abertos e em silêncio. Quando terminei, ele pulou da cadeira sem dizer uma palavra e tranquilamente saiu para brincar. Ele perdera o contato com sua alma na tediosa viagem de automóvel: a história o trouxera de volta novamente.

Mas as histórias são para todos e não apenas para pessoas primitivas e crianças. Um amigo meu, o Rev. Allen Whitman (Autor de *Pray For Your Life* [*Reze por sua vida*], Augsburg Publishing Company), fala sobre o que ele chama de "teologia da história"[1]. O Pe. Whitman mostra que a Bíblia é uma vasta narrativa da ação de Deus na história e de sua interação com uma série de homens e de mulheres. O cristianismo é também uma narrativa: se prestarmos atenção às palavras do Credo, ouviremos não uma afirmação de doutrina, mas um sumário

---

1. Allen Whitman. *A Gospel Comes Alive* – Meditations on St. John's Gospel Informed by a Theology of Story and Play. St. Paul/Minn.: Macalester Park Publishing, 1974.

da história das peripécias de Cristo, o Homem-Deus. Também a Eucaristia é uma narrativa; na realidade, o sacerdote no altar reencena os acontecimentos da última ceia, a crucifixão e a ressurreição. Olhando as coisas bem de perto, toda a nossa vida, e até nossos sonhos, são histórias. Lembro o primeiro sonho que minha irmãzinha contou toda empolgada. Ela veio até a mesa do café da manhã e declarou: "Esta noite tive uma história de um urso, e *eu* estava *nela*". O poder do cristianismo não está nos revestimentos de doutrina teológica, mas no poder que a história cristã tem de nos afetar. A doutrina, sem a história, não teria nenhum poder.

Também Jesus conheceu o poder da história: uma grande quantidade de seus ensinamentos se encontra numa forma especial de história que chamamos de parábola. Através de suas parábolas Jesus consegue chegar até nós num nível mais profundo do que o nível intelectual e nos levar a intuições que uma forma conceitualizada de ensinamento nunca poderia comunicar.

Uma das razões do poder da história como meio de ensino é que ele atrai nossa atenção. Nenhum ensino pode acontecer enquanto isso não ocorre. Certa vez um agricultor resolveu vender uma mula a um amigo, assegurando que essa mula era sumamente cooperativa e faria tudo o que ele lhe pedisse. O amigo ficou encantado e comprou a mula; mas no dia seguinte, quando pediu à mula que puxasse sua carroça, a mula ficou parada. Ordenou que a mula puxasse seu arado, mas a mula não se mexeu. Exasperado, chamou o agricultor para apresentar queixa e o agricultor veio imediatamente. Tomou um chicote, brandiu-o com toda a força e golpeou o traseiro da mula. E gritou: "Agora, puxa o arado!" E a mula puxou. O amigo, atordoado, disse: "Eu pensei que você me disse que esta mula era tão cooperativa que faria tudo o que eu pedisse". O agricultor respondeu: "Ela vai fazer, mas primeiro você precisa chamar a atenção dela". É assim que acontece conosco. Deus precisa chamar nossa atenção. Muitas vezes isso só se consegue dando-nos um golpe bem forte. Mas seria melhor se Deus pudesse nos alcançar com uma história, que é um grande recurso para chamar a atenção e também um poderoso meio de comunicação.

As histórias selecionadas para serem recontadas neste livro são as de Rebeca, Jacó, José, Moisés e Adão e Eva. Estas histórias são muito antigas. Os biblistas nos dizem que elas provêm das tradições mais antigas que compõem o Antigo Testamento. Sem dúvida elas circularam oralmente por muitos séculos antes de serem postas por escrito. As histórias suscitam todo tipo de questões para os estudiosos e, evidentemente, questionam nossa credulidade. Por exemplo, alguns estudiosos duvidam de sua autenticidade. Alguns dizem que Jacó nunca existiu; a história foi inventada para explicar as origens do povo de Israel. Também Moisés, afirma-se às vezes, nunca existiu, sem falar de Adão e Eva. As histórias *estão* cheias de vestígios mitológicos óbvios e nunca se sabe onde termina a verdade histórica e começa a mitologia.

Estas questões são importantes para os estudos bíblicos, mas não nos interessam neste livro, porque o que nos interessa é a história como tal. E por isso, ao recontar estas narrativas, eu as tomo como elas se apresentam – sem questionar nem sua historicidade nem sua credibilidade, mas enfocando-as simplesmente como histórias. Porque, do ponto de vista psicológico, perguntar se Jacó existiu não faz mais diferença do que perguntar se existiu ou não o Hamlet de Shakespeare ou o Filho Pródigo de Jesus. O que conta, o que transmite sua própria mensagem é a história do que aconteceu a estas pessoas.

Podemos ter certeza de que questões de historicidade e credibilidade não preocuparam os antigos hebreus, que foram os primeiros a contar e ouvir estas narrativas. Para eles estas antigas histórias passaram a fazer parte da estrutura de suas almas, afetando-os num nível profundo de seu ser; eram narrativas sagradas a serem preservadas para sempre. Quando as histórias chegam a este ponto, é porque elas carregam um sentido inconsciente e também um sentido consciente. Isto acontece quando uma história é arquetípica, ou seja, quando ela traz em si um sentido que é típico e universal para toda a humanidade. A mitologia, os contos de fadas e as antigas histórias da Bíblia são todas arquetípicas; têm o poder de nos afetar através do inconsciente, estimulando e despertando em nós o imaginário vivo da alma. Estas histórias têm poder porque nos contam o que sempre aconteceu e o que sempre acontecerá com os seres humanos. Sendo assim, elas nos afetam, mesmo quando não são entendidas racionalmente. Neste livro tentarei extrair o sentido interior de cada história, iluminando-o com um rápido comentário psicológico. Isto é necessário para muitos leitores modernos se quisermos penetrar pessoalmente nas narrativas. Evidentemente, para os antigos hebreus, as histórias os afetavam num nível tão profundo e não racional que não era necessário um comentário psicológico.

Selecionei estas histórias específicas porque dizem respeito ao processo mais importante e fundamental que ocorre na vida humana: a transformação dos seres humanos de pessoas inconscientes e egocêntricas em pessoas de plenitude, largueza de visão e consciência espiritual. O psicólogo suíço C.G. Jung deu a este processo de desenvolvimento interior o nome de "individuação". As histórias de Jacó, de José e de Moisés são as mais antigas histórias de caso que temos a respeito do processo de individuação. Existem figuras mitológicas derivadas de histórias mais antigas do que as histórias bíblicas, como a história babilônica de Gilgamesh, mas Gilgamesh não é um ser humano histórico. Pertence ao Antigo Testamento a honra de nos fornecer as primeiras histórias que tratam da maneira como os seres humanos alcançaram a consciência e a plenitude.

O plano do livro é simples. Cada história é recontada e seu sentido interior é explorado no processo de recontar. As histórias são estudadas a partir de uma perspectiva psicológica e também de uma perspectiva espiritual; e, já que muitos leitores podem não estar familiarizados com a linguagem psicológica, a análise do texto será acompanhada de breves explicações destes termos. Para uma explicação mais completa remetemos o leitor ao apêndice que resume a psicologia de Jung e a psicologia de Kunkel. Alguns leitores podem desejar ler primeiramente as histórias a partir da Bíblia. Recomendamos uma tradução moderna como a Bíblia de Jerusalém (usada neste livro). No entanto, isto não é necessário, já que a narrativa será recapitulada à medida que avançamos. Bastante logicamente, as histórias de Rebeca, de Jacó, de José e de Moisés vêm em ordem histórica. Não tão logicamente, a história de Adão e Eva vem por último. O sentido desta narrativa mítica se torna mais claro depois que a mensagem dos outros tiver sido digerida.

Portanto, abrem-se as cortinas, as *dramatis personae* estão no palco e uma parte do grandioso drama bíblico da existência humana está para começar novamente!

San Diego, 1974.

Parte I

O homem que lutou com Deus

1 A astúcia de Jacó

O avô de Jacó foi Abraão, o robusto e talentoso homem que ouviu Deus falar com ele. Foi por causa do que Deus lhe disse que Abraão deixou sua casa na civilizada cidade de Ur na Mesopotâmia e empreendeu a longa jornada para a terra desconhecida de Canaã, a fim de ali iniciar a épica história do povo hebreu.

O pai de Jacó foi Isaac. Quando criança, Isaac quase foi sacrificado por Abraão, que pensou ser essa a Vontade de Deus a ser feita. No último momento, Deus falou a Abraão e lhe disse que não era necessário que Isaac lhe fosse sacrificado; Abraão encontrou um carneiro preso num arbusto próximo e usou o animal como um sacrifício em vez do filho. Sem dúvida, esta história tem muito a ver com a eliminação do sacrifício humano dos ritos do povo hebreu, numa época em que ele era predominante entre os povos semíticos vizinhos; mas sugere também que Isaac pode ter ficado tão aterrorizado com Deus que, pelo resto de sua vida, o manteve à distância. Seja como for, diferentemente de seu pai Abraão, Isaac não teve aparentemente relação direta com Deus. Não houve sonhos ou visões, nenhuma voz que falou a Isaac. Isaac prestou culto a Deus de maneira reverente e fiel, mas indireta, mantendo uma tradição a respeito dele. De todos os patriarcas dos hebreus, Isaac foi o menos dotado espiritualmente. Foi um homem honesto e não se pode encontrar nele nenhuma grande falta, mas também não houve nenhum brilho. O mundo está cheio de Isaacs. Nós precisamos deles. São pessoas boas e ajudam nosso mundo a funcionar, mas não são usadas por Deus para incrementar o desenvolvimento da consciência humana da maneira como ele usou Abraão.

A melhor coisa que Isaac fez foi casar com Rebeca. Uma das dificuldades com a Bíblia consiste em encontrar histórias das mulheres que sejam tão completas como as dos homens. Sabemos muito menos sobre o desenvolvimento interior de Rebeca do que sobre o de Jacó e de José. Não obstante, o que sabemos revela uma mulher que era tão original e dotada quanto era Isaac medíocre. A história de Jacó é também a história de Rebeca, porque ela era uma mulher notável, cuja consciência, convicções e ousadia desempenharam um papel crucial na evolução espiritual de seu povo. Rebeca viveu num tempo em que o papel das mulheres estava quase totalmente limitado à vida familiar, mas sua consciência espiritual transcendia todas as limitações coletivas. Ela viu que seu filho Jacó era potencialmente um líder espiritual maior do que seu filho Esaú. Com o risco de quebrar todas as normas, ela ajudou a trazer a liderança de Jacó para o primeiro plano. Infelizmente, não se nos diz como Rebeca alcançou esta consciência singular.

Isaac e Rebeca estiveram casados por algum tempo, mas Rebeca não teve filhos. Naquele tempo ter filhos era praticamente a única maneira de uma mulher realizar-se. Não ter filhos, especialmente do sexo masculino, era um desastre e, por isso, os futuros pais rezavam insistentemente a Javé pedindo ajuda. No devido tempo Javé ouviu suas preces e Rebeca ficou grávida não de um filho, mas de dois. Num primeiro momento, Rebeca deve ter ficado muito satisfeita, mas logo sua alegria transformou-se em aflição ao perceber que os gêmeos ainda não nascidos estavam brigando em seu útero. "Se é assim", declarou ela, "para que viver?" (Gn 25,22). Rebeca considerou a animosidade mútua dos filhos ainda não nascidos um mau presságio para o futuro; desastre, não felicidade, podia ser o resultado de seu parto.

Algumas pessoas, quando estão deprimidas, simplesmente desistem ou tentam afogar sua dor com alguma coisa que a elimine, mas Rebeca era feita de um material mais duro. Ela resolveu encontrar o sentido disso e, dessa maneira, conseguiu curar-se da depressão e encontrar o objetivo de sua vida. A maneira de chegar ao fundo de sua depressão foi consultar Javé.

Não sabemos exatamente como ela começou a fazer isso. Posteriormente, no Antigo Testamento, existem três maneiras estabelecidas de adivinhar a Mente de Deus. Uma consistia em lançar sortes sagradas – os Urim e Tummim – e ler a vontade de Deus a partir do padrão dos resultados. Encontramos exemplos disto na história de Saul, de Davi e de Jônatas. Nos livros de Samuel nenhuma ação séria é empreendida sem primeiro consultar a mente divina e o lançamento de sortes sagradas era o método usual. Podemos rir deste curioso método de determinar a Vontade de Deus; no entanto, ainda no livro dos Atos, quando os discípulos precisam escolher um substituto de Judas, descobrimos que é usado o mesmo método. Existe também o exemplo do livro chinês dos Oráculos, o I Ching, no qual foi arquitetado um método de adivinhar a Vontade do

Céu através do lançamento de sortes, método que é notável por sua sabedoria e profundidade. Os outros meios do Antigo Testamento para verificar a Vontade de Deus consistiam no uso dos sonhos e da consulta de um profeta, que poderia ter sonhos para o consulente.

Existem tempos cruciais em nossa vida em que é de grande importância que nossas ações e atitudes estejam de acordo com a vontade divina; e Rebeca tinha razão em seguir seus instintos e ir consultar Javé, porque, fazendo isso, ela aprendeu algo que nunca lhe ocorreria de outra maneira. Deus lhe declarou:

> Há duas nações em teu seio,
> tua prole será dois povos rivais.
> Um povo dominará o outro
> e o mais velho servirá ao mais novo (Gn 25,23).

Rebeca nunca esqueceu o que Deus lhe disse. Desde então, ela fez tudo o que podia para conseguir que Jacó, o segundo dos gêmeos a nascer, suplantasse seu irmão Esaú como patriarca da família. Porque, naquele tempo, o filho masculino mais velho do clã era o líder da família, com autoridade tanto temporal como espiritual. O clã familiar nessa época era a unidade social básica. As funções sociais que hoje são desempenhadas por instituições – como educação, justiça, guerra, polícia, cuidado dos doentes – naquele tempo eram funções do clã. Na chefia do clã estava o homem mais velho, o patriarca, a ser sucedido, por ocasião de sua morte, pelo filho mais velho. Assim o patriarca era um rei em miniatura, que governava seu pequeno reino particular. A tradição pode ter estabelecido que o filho mais velho iria suceder o pai, mas Rebeca decidiu agir contra a tradição. Por causa do oráculo que recebera, ela estava convencida de que o destino divino estava chamando Jacó, e não

Esaú, para o posto de preeminência. Rebeca carregava o fardo de um conhecimento e uma convicção secretos e começou a executar um plano do qual os outros não podiam participar.

Logo que os dois meninos nasceram, ficou evidente que eles iriam ser pessoas muito diferentes. Esaú é descrito como uma pessoa cabeluda e Jacó como uma pessoa de pele macia, sugerindo ao mesmo tempo que eles tinham naturezas opostas. Esaú tornou-se um homem do ar livre, do campo e da terra, fisicamente robusto e ativo, uma espécie de personagem supermasculino. Ele pensava de maneira literal, prática, como seu pai, e se preocupava com o ambiente imediato, tendo uma mentalidade de "o-que-há-para-o-jantar?" Inevitavelmente tornou-se o favorito de seu pai. Jacó tornou-se um homem voltado para o interior, que ficava em casa nas tendas de sua mãe, um filhinho da mamãe que gastava boa parte do tempo absorto em seus pensamentos e fantasias. Tornou-se o favorito de Rebeca, não só por causa das ambições secretas que ela acalentava por ele, mas também porque ambos compartilhavam o mesmo tipo de alma.

Na linguagem da psicologia, Esaú parece ter sido o extrovertido e Jacó o introvertido; o primeiro estava orientado para o mundo exterior e o segundo para o mundo interior. Esaú era também um tipo de pessoa sensitiva, uma pessoa consciente do ambiente imediato que a cerca, mas Jacó era uma pessoa intuitiva, consciente das possibilidades na vida. Assim Esaú podia descuidar o valor de seu direito de primogenitura com todas as possibilidades que este lhe poderia trazer para a vida, mas o intuitivo Jacó, deixado a seus próprios pensamentos nas tendas de sua mãe, desenvolveu a fantasia de que ele, em vez de Jacó, deveria herdar o legado de seu pai. Esaú estava por demais absorvido na tarefa de caçar para ter consciência de suas fantasias; mas Jacó vivia mais absorvido na vida de sua imaginação e em seu coração desabrochou o sonho de que iria ter o poder da família. Mas como iria consegui-lo? O cumprimento de sua ambição dominava a mente do jovem Jacó, precisamente como o cumprimento da profecia divina absorvia a mente de sua mãe.

As esperanças da mãe em relação a Jacó estavam arraigadas na profecia divina, mas nas ambições de Jacó não havia nada de sagrado. Jacó, como favorito de sua mãe, era um jovem com um excelente complexo materno, o tipo de complexo materno que leva a uma forma particularmente virulenta de egocentrismo. O menino que é o centro do mundo de sua mãe tem também a probabilidade de fantasiar-se como o centro do universo. O amor de Rebeca por Jacó deu à sua personalidade uma reserva fundamental de força psicológica que posteriormente lhe foi vantajosa. Uma pessoa que foi amada quando criança tem um núcleo de reserva emocional e de força que é insubstituível. Mas houve também uma camada de egoísmo e de crueldade na personalidade de Jacó. Sua ambição de tornar-se o chefe de sua família era um claro desejo de poder e domínio pessoal; não havia ali nada de espiritual ou religioso. Em compensação, Esaú parece livre deste tipo de egocentrismo implacável e podemos perguntar-nos por que Deus escolheu Jacó, em vez de Esaú, para dar continuidade à herança espiritual da família. Mas pelo menos Jacó sabia o que queria da vida, enquanto Esaú se contentava em levar a vida simplesmente como ela se apresentava.

Certo dia chegou o momento pelo qual Jacó esperava. Esaú chegou em casa esfaimado após um dia de caça e Jacó, que sem dúvida ficara em casa descansando o dia inteiro, estava preparando uma sopa quente de lentilhas. Esaú disse: "Deixa-me comer da sopa ruiva, dessa sopa ruiva aí. Estou exausto". Mas Jacó disse astuciosamente: "Vende-me primeiro teu direito de primogenitura". Jacó não hesitou em aproveitar-se da fraqueza de caráter de Esaú e lucrar com a situação extrema em que Esaú se encontrava, e Esaú cedeu. Ele disse: "Estou aqui, às portas da morte. De que me servirá o direito de primogenitura?" Jacó o obrigou a confirmar a barganha com um juramento inquebrantável e então deu-lhe a sopa em troca do cobiçado direito de primogenitura (Gn 25,30-34).

A maioria de nós, que fomos educados na ética judeu-cristã, procuramos levar a vida de maneira correta. Acreditamos que é melhor ser honesto, justo, franco e amoroso, em vez de impiedoso, cruel e trapaceiro. Por isso procuramos cumprir um ideal de honestidade e pelo menos mostrar-nos aos outros como uma pessoa que mostra interesse e cuidado e que não se rebaixa a mentir e trapacear. Mas sempre existe em nós o outro, aquele que mente e trapaceia, que não se importa com os outros, mas é egoísta e ganancioso. Podemos tentar viver de acordo com os Dez Mandamentos, mas precisamos lembrar que estes não seriam necessários se não houvesse em todos nós uma tendência a infringi-los – ou seja, a matar, trapacear, cobiçar, roubar. A este a outra personalidade mais obscura/ sombria dentro de nós podemos dar o nome de "sombra"[2]. Todos nós temos um lado sombrio da personalidade, um lado de nós mesmos que contradiz a imagem que apresentamos aos outros. O que torna Jacó diferente é que ele desavergonhadamente se identifica com aquilo que, para a maioria de nós, seria nosso lado sombrio da nossa personalidade. Sem hesitar ele se dispõe

---

2. Para usar o termo cunhado por C.G Jung para designar nosso obscuro adversário interior.

a conseguir o que ele quer para si e é impiedoso com Esaú sem, aparentemente, nenhum momento de culpa.

Por outro lado, Esaú também tem uma sombra. A sombra de Jacó é ativa – ele se dispõe a conseguir algo, mesmo que isso signifique desafiar os costumes consuetudinários da sociedade e as relações. A sombra de Esaú é uma sombra passiva – ele cede à sua fraqueza. A culpa sentida inconscientemente acerca de doar seu direito de primogenitura por uma tigela de sopa é sugerida por sua racionalização: "Estou aqui, às portas da morte. De que me servirá o direito de primogenitura?" Esaú convenceu-se de que estava morrendo de inanição e não tinha outra escolha, mas na verdade leva-se um longo tempo para morrer de inanição. Ele não estava às portas da morte; era apenas um homem muito faminto sem a força espiritual e a noção de valor para suportar a fome um pouco mais a fim de preservar seu direito espiritual de primogenitura. A sombra não é só o que fazemos, mas também o que não fazemos; não é só nossa crueldade, mas também nossa fraqueza. O fato de os autores de nossa história terem visto isso, e não serem simpáticos a Esaú, aparece na declaração final acerca deste incidente: "Esse foi todo o interesse que Esaú mostrou por seu direito de primogenitura" (Gn 25,34).

Assim Jacó ganhou de seu irmão o cobiçado direito de primogenitura, mas Jacó precisava de algo até mais importante para completar seu plano: ele precisava assegurar a bênção de seu pai. Pouco antes de morrer, o patriarca dava uma bênção ao filho que iria sucedê-lo. Esta bênção transmitia um poder e uma força tangíveis e, uma vez dada, não podia ser retirada. Já que Jacó e Rebeca sabiam que Isaac daria esta bênção a Esaú, seu filho favorito e mais velho, era necessário enganar o ancião para que desse a bênção a Jacó, uma tarefa tornada possível pelo fato de Isaac agora estar cego.

Desta vez Rebeca é a figura central na história. A traição a seu marido e a um de seus filhos é certamente uma ofensa contra os padrões de moralidade geralmente aceitos. Vista de um ponto de vista convencional, Rebeca é uma mulher terrível que faz qualquer coisa para alcançar seus objetivos e viola a sagrada relação de confiança entre esposo e esposa. Mas existem importantes considerações que tornam único o caso de Rebeca. O que Rebeca está tentando realizar não é para si mesma, nem mesmo para seu filho favorito, Jacó, mas para Deus. Se Rebeca colocasse sobre Jacó suas próprias ambições não realizadas, ela o teria arruinado completamente. Um filho que carrega as ambições de sua mãe é também destruído por elas. Geralmente ele é forçado pela vida a ser um fracasso, porque esta é a única maneira de ele se ver livre da dominação dela e encontrar algo de sua própria personalidade. Felizmente para Jacó, o que está envolvido aqui não é a ambição pessoal de Rebeca por ele, mas a convicção interior que ela tinha de que este é o plano de Deus.

Mas não poderia ela ter deixado a Deus a tarefa de realizar a supremacia de Jacó, se é isto que ele (Deus) queria? Talvez. Mas parece também que Deus age por meio das pessoas. Pode ser que, sem a consciência e a atitude de determinação de Rebeca, o destino reservado a Jacó nunca se teria concretizado. Então o destino divino precisaria esperar por outro dia e por uma pessoa mais dedicada para ajudar a desempenhá-lo antes de ser consumado.

O motivo insólito de Rebeca para suas ações possibilita-lhe abandonar o que tem sido chamado de ética da obediência pela ética da criatividade[3]. A ética da obediência requer que sigamos os padrões comumente aceitos de conduta humana e relacionamento. A maioria de nós faz bem em viver de acordo com um código moral deste tipo, que foi testado ao longo dos séculos e encarna as normas usuais de decência humana. Mas existe também uma ética da criatividade que requer que nos guiemos por nossa própria verdade interior. Então nós fazemos o que achamos que devemos fazer, mesmo que vá contra o que é geralmente aceito. Uma pessoa que parte dos padrões de comportamento geralmente aceitos se coloca numa posição perigosa. É muito fácil cair na armadilha de justificar os meios pelo fim e iludir-se pensando que, já que o fim de nosso comportamento tinha (em nossa mente) sanção divina, os fins que escolhemos eram justificados. Muito rapidamente esta postura se torna simplesmente outra máscara atrás da qual ocultamos nossos motivos egoístas. Só uma pessoa psicologicamente consciente, que se conhece realmente a si mesma e especialmente os motivos de poder e está genuinamente em sintonia com o desígnio divino, pode seguir com sucesso a ética da criatividade. Somente se uma pessoa souber o que está fazendo, aceitar a responsabilidade pelo que está fazendo e chegar a um acordo com o egocentrismo de modo que as metas não sejam interesseiras, ela pode abandonar a ética da obediência e seguir a ética da criatividade. Mas quando isto ocorre, vive-se a vida mais elevada e moral de todas.

---

3. Os termos foram cunhados originalmente, quanto eu saiba, pelo filósofo religioso russo Nikolai Berdyaev. Eu dei a eles um significado psicológico em meu livro *The Kingdom Within*. J.B. Lippincott. Ed. Revista, 1987. Harper and Row, p. 48.

A chave para alguém levar uma vida moral fundada na verdade interior é a honestidade psicológica e o conhecimento dos verdadeiros motivos que o movem. Jesus nos dá um bom exemplo disso num dito que se encontra em muitos manuscritos antigos na sequência de Lucas 6,5. De acordo com esta história, Jesus vê um homem trabalhando no dia do sábado, opondo-se assim ao costume e infringindo as práticas judaicas tradicionais. Ele lhe diz: "Amigo, se sabes o que estás fazendo, és bendito; mas, se não sabes, és maldito como um transgressor da Lei". Rebeca sabe o que está fazendo. Ela *está* infringindo as leis costumeiras de comportamento humano quando planeja trair o marido e o filho mais velho, mas está cumprindo uma lei mais alta ao seguir o que ela sabe ser a Vontade Divina. Não há recompensas pessoais por suas ações. Sem dúvida ela desagradou e afastou completamente as afeições de Isaac e Esaú, e suas ações resultaram no exílio de Jacó, que ela nunca mais reviu. A Orientação Divina que ela julgava estar seguindo, dada a ela pelo oráculo de uns vinte anos antes, era algo que ela não podia compartilhar com ninguém. Ela precisava agir com extrema solidão e dor e isso exige grande força psicológica. Tudo isto marca Rebeca como uma mulher extraordinariamente consciente, dotada de notável desenvolvimento psicológico e profundidade espiritual. Neste momento ela é a única pessoa consciente em nossa história.

Jacó também irá cumprir o destino divino no ato de trapaça que logo irá ocorrer. Roubando de Esaú a bênção do pai, Jacó prepara o terreno para o cumprimento do desígnio divino. Mas os motivos de Jacó para fazer isto são motivos de poder egocêntricos; ele está totalmente inconsciente do destino divino em andamento. Por ser uma pessoa egocêntrica e inconsciente, ele precisará posteriormente pagar um alto preço por suas ações. Tudo o que fazemos inconscientemente, sem consciência de nossos motivos e sem reflexão moral, precisamos pagar mais tarde. Mas o paradoxo é que o pecado contra os padrões morais coletivos precisava ocorrer. Era uma tradição obsoleta que decretava que a autoridade espiritual devia passar para o filho mais velho, em vez de passar para o filho espiritualmente mais qualificado. Frequentemente precisa ocorrer um afastamento da moralidade habitual quando se deve cumprir os desígnios de Deus ou quando um indivíduo precisa alcançar um maior desenvolvimento psicológico; no entanto, uma pessoa que o faz sem saber o que está fazendo precisa pagar o preço por isto. Como veremos, Jacó pagou realmente um alto preço.

Certo dia o velho Jacó cego declarou a Esaú: "Meu filho! Como vês, estou velho e não sei quando vou morrer. Agora, toma tuas armas, tua aljava e teu arco; vai ao campo e apanha-me alguma caça. Prepara-me um guisado saboroso como eu gosto e traze-o para mim, a fim de que eu coma e te abençoe antes de morrer" (Gn 27,1-4). A história nos diz que Rebeca "por acaso ouviu" enquanto Isaac dizia estas coisas a Esaú. Não podemos deixar de suspeitar que não foi nenhuma coincidência o fato de ela ouvir estas palavras dirigidas por Isaac a Esaú e que este foi o momento longamente esperado, o momento em que seria concedida a importantíssima bênção. Rebeca já tinha um plano preparado para a ocasião. Convocando Jacó, ela pede que ele lhe traga um cabrito do rebanho, que ela então prepara com ele o tipo de guisado saboroso de que Isaac gosta. Depois Jacó precisa levar o alimento ao pai e fingir que é Esaú e assim assegurar a bênção da família.

Jacó tinha alguns escrúpulos a respeito do esquema, mas são receios por sua segurança, não escrúpulos de consciência. Ele diz: "Se meu pai me apalpar, perceberá que eu o estou trapaceando e atrairei sobre mim uma maldição em vez de uma bênção" (Gn 27,12). Mas Rebeca já está preparada para esta possibilidade e o manda cobrir sua pele lisa com a pele felpuda do cabrito morto.

Segue-se uma narrativa de flagrante trapaça enquanto Jacó se dirige ao pai e lhe diz uma série de mentiras descaradas (Gn 27,15-27).

Quando Isaac pergunta quem está ali, Jacó responde: "Sou Esaú, teu primogênito". Quando Isaac quer saber como ele conseguiu a caça tão rapidamente, Jacó é forçado a contar uma segunda mentira para apoiar a primeira e invoca o nome de Javé para seus objetivos, respondendo: "Foi Javé teu Deus que a pôs em meu caminho". Note-se que Jacó diz *teu* Deus; a esta altura Jacó não tem um Deus próprio; seu único deus é ele mesmo. Depois de mais algumas mentiras (é necessário sempre um cordão de mentiras para apoiar a mentira precedente), Jacó obtém o que deseja e o ancião lhe dá sua bênção irrevogável.

Jacó sai e logo Esaú retorna da caça. Segue-se então uma cena de partir o coração, quando a trapaça é descoberta e o angustiado Esaú pede ao pai que lhe dê também uma bênção. Mas não há nada que ele possa fazer; a bênção foi dada a Jacó e não pode ser retirada. Jacó suplantou seu irmão.

Assim Jacó assegurou para si o legado espiritual da família, mas não se dá conta do que fez. Ele pensa que está simplesmente adquirindo o poder e o *status* de patriarca da família; mas, à medida que a história se desdobra, ele chega a perceber, dolorosa e gradualmente, que ao obter o legado espiritual da família ele foi escolhido por Deus. Pois Deus falou diretamente com o avô de Jacó, Abraão, e estabeleceu com ele uma aliança e uma relação pessoal e esta relação pessoal com Deus é o que Jacó está adquirindo para si, embora ainda não saiba como. A partir de agora Jacó é um homem marcado aos olhos de Deus e, como resultado disto, será forçado a passar por grandes mudanças em sua personalidade. Será imposto ao incauto Jacó um processo de desenvolvimento que o obrigará a tornar-se uma pessoa consciente, moral e completa. Em linguagem psicológica, ele precisa se individuar. O processo de desenvolvimento que ocorre em Jacó é o ponto focal da história.

Mas por que Deus escolheu o astuto Jacó para esta relação singular? Talvez porque Jacó possuía aquela qualidade particular, mencionada acima, que é indispensável para o crescimento e desenvolvimento psicológico e espiritual: ele era psicologicamente honesto. Ser psicologicamente honesto significa que uma pessoa é capaz de ser honesta consigo mesma a respeito de si mesma. A honestidade psicológica de Jacó aparece quando ele manifesta à sua mãe a preocupação de que o pai irá descobrir a trapaça. O apreensivo Jacó diz: "Vê: me irmão Esaú é peludo enquanto eu tenho a pele lisa. Se meu pai me apalpar, perceberá que *eu o estou trapaceando* e atrairei sobre mim uma maldição em vez de uma bênção". Jacó não disfarça o que ele está fazendo: ele está trapaceando seu pai e sabe disso.

Quase todos nós escondemos nossa duplicidade de nós mesmos, usando eufemismos em vez das palavras reais para coisas que não podemos enfrentar com coragem. Por exemplo, em vez de dizer que alguém morreu, dizermos que essa pessoa "desapareceu" ou "foi embora"; em vez de dizer "eu menti", dizemos "me enganei" ou "me expressei mal". Falsa informação é chamada de "desinformação" etc. Em vez de enfrentar o que estamos fazendo, nós racionalizamos nosso comportamento, como vimos Esaú fazer quando cedeu seu direito de primogenitura por uma tigela de sopa. Mas com Jacó não existe racionalização. Ele vai trapacear seu pai e é franco consigo mesmo a respeito. Ele não tem papas na língua e esta qualidade de honestidade psicológica é de fundamental importância para o desenvolvimento espiritual e psicológico. Sem ela nada pode ocorrer; com ela sempre existe a possibilidade de que Deus, que psicologicamente falando é o impulso para a plenitude, possa penetrar nosso egocentrismo e fazer algo de nós. A maneira como Deus penetra agora no egocentrismo de Jacó e o transforma num instrumento adequado para levar avante o legado espiritual de seu povo constitui o resto de nossa narrativa.

2 A transformação de Jacó

Observamos na introdução que existe um processo que prossegue no interior das pessoas, um processo que busca transformá-las de pessoas inconscientes e egocêntricas em pessoas plenas, e que Jung deu a este processo o nome de individuação. A individuação é uma ideia basicamente simples, já que tudo o que vive procura realizar-se. Se olharmos para um grande carvalho, com suas ramificações enormes e galhos pujantes, poderíamos dizer: "Aqui está uma bolota que se individuou". O carvalho é o potencial da bolota e, dadas as condições adequadas de clima, solo e umidade, a bolota se tornará o carvalho. Vale a pena também notar que, embora os carvalhos formem uma espécie comum, nunca dois carvalhos são exatamente iguais; quando alguma coisa se individua, ela se torna ao mesmo tempo uma expressão completa *e* única de vida.

Quase o mesmo processo ocorre nos seres humanos: existe em nós algo que sabe o que é ser. Jung deu a esta realidade interior o nome de si-mesmo e do si-mesmo brota o impulso para a plenitude. A diferença entre um ser humano e um carvalho, no entanto, é que para um ser humano o processo de expandir o desenvolvimento precisa ser experimentado conscientemente e expresso através de um ego que tem autoconsciência e certos poderes de escolha. Por isso, a individuação na vida humana é um processo espiritual e psicológico como também um processo natural.

Fritz Kunkel, embora concorde com as posições principais de Jung a respeito da individuação, mostra que, se o ego precisa executar sua tarefa neste processo de desenvolvimento, ele precisa superar seu egocentrismo. Na medida em que uma pessoa é egocêntrica, insiste ele, o ego irá bloquear em vez de cumprir os impulsos do si-mesmo para o crescimento.

Uma pessoa egocêntrica procura fazer com que a vida gire em torno dela. Ela se coloca no centro da vida e espera que a vida a sirva e a gratifique, em vez de dispor-se a ser serva da vida. Uma pessoa egocêntrica cultua a si mesma e não reconhece na vida nenhuma autoridade superior a seus próprios desejos. Ela se empenha em controlar e manipular seu ambiente, especialmente os outros ao seu redor. Se essa pessoa for bem--sucedida, ela pode parecer forte, mas é uma espécie de força demoníaca, a não ser confundida com a força verdadeira do ego. A pessoa que tem a força verdadeira do ego pode dar-se ao luxo de abandonar seu egocentrismo; a pessoa com um ego fraco recua para estratagemas manipulativos para manter um sentimento de poder.

Fritz Kunkel[4] falou de quatro tipos egocêntricos básicos. Estes tipos lutam por admiração, dependência, segurança e poder. Para facilitar a análise daremos a estes quatro tipos os seguintes nomes: Estrela, Trepadeira, Tartaruga e Nero. A Estrela mantém seu egocentrismo procurando as luzes da ribalta, a adulação e a glória; as estrelas gostam de brilhar. O egocentrismo da Trepadeira assume uma forma muito diferente,

---

4. Cf. *Fritz Kunkel*: Selected Writings. Editados por mim e publicados por Paulist Press, 1984.

porque esta pessoa muitas vezes parece exibir uma postura humilde, mas a atitude aderente e superdependente dessa pessoa é uma tentativa egocêntrica de evitar uma vida responsável. A adaptação desta pessoa à vida é basicamente parasítica. O grande problema da Tartaruga é relacionar-se com as pessoas e a defesa egocêntrica consiste em enfiar-se numa carapaça para que ninguém a alcance. Seu egocentrismo assume a forma de esconder-se da vida e das relações, vivendo encapsulada numa couraça psicológica. O egocentrismo do Nero assume a forma de uma ânsia de poder e controle diretos. Este tipo de pessoa quer dominar e esta é uma forma de egocentrismo que caracterizava o jovem Jacó.

Existem três experiências básicas através das quais nosso egocentrismo pode ser mudado: através do sofrimento; através do reconhecimento de um poder maior do que nossa vontade atuante em nossa vida; e passar a interessar-se por outas pessoas. Todas estas três experiências atingem Jacó numa rápida sucessão; seu egocentrismo era tão forte que foi necessária uma potente dose de remédio para curá-lo. Mas a cura para o egocentrismo *é* um remédio forte; se não desenvolvermos uma atitude correta, esse remédio pode nos matar em vez de nos curar.

A primeira experiência que atinge Jacó é o sofrimento. Até aqui Jacó conseguira evitar o sofrimento. Nem sequer correu o risco de privação física, deixando que Esaú fosse o caçador no deserto, enquanto ele ficava seguro em casa nas tendas de sua mãe. Mas, quando Jacó rouba de Esaú a bênção do pai, Esaú fica furiosamente irritado e resolve matá-lo. "Estão próximos os dias de luto por meu pai. Então matarei meu irmão Jacó", declara ele (Gn 27,41). Rebeca, que tinha seus espiões por toda a casa, é informada do que Esaú disse e aconselha Jacó a fugir pelo deserto até a terra de seu tio Labão na longínqua Harã. Aparentemente Rebeca pensou que isto poderia acontecer e tinha um plano em mente para garantir a segurança de Jacó, mas para Jacó isto veio como uma surpresa desagradável. Afinal, quando Jacó roubou de Esaú o direito de primogenitura, ele não experimentou este tipo de cólera e talvez Jacó esperasse o mesmo tipo de passividade da parte de Esaú ao roubar-lhe a bênção. Mas da primeira vez que Esaú fora enganado, ele não expressou sua cólera porque se sentiu muito culpado; provavelmente ficou por demais envergonhado e não queria que ninguém soubesse o que acontecera, porque sabia em seu coração que cedera à fraqueza. No entanto, desta vez Esaú está sem culpa e sua cólera é grande; duplamente grande, talvez, porque se lembra também da primeira ofensa perpetrada contra ele.

O malogro de Jacó em levar em consideração a cólera de Esaú mergulhou-o numa situação difícil e desesperada. Até então Jacó nunca enfrentara uma situação que ele não pudesse manipular a seu favor e, além disso, sempre conseguira contar com a intercessão e proteção de sua mãe. Mas agora algo falhou seriamente.

Por isso Jacó foge para o deserto: um exílio. Pouco depois descobrimos que Jacó faz uma espécie de oração na qual barganha com Deus e, pelo conteúdo dessa oração, ficamos sabendo que Jacó temia por sua vida nesta jornada pelo deserto. Não foi uma jornada a ser empreendida despreocupadamente, especialmente para alguém como Jacó, que não estava acostumado com as regiões desérticas. Jacó, a pessoa intuitiva introvertida, estava despreparado para lidar com os rigores do ambiente desconhecido do deserto. Deparou com circunstâncias nas quais seu lado altamente desenvolvido era inútil e precisou confiar em funções psicológicas não desenvolvidas. Poderia facilmente ter morrido de fome ou de frio, ter sido morto por bandidos ou animais selvagens, ou ter perdido o rumo e perambular desesperadamente. Por isso sua jornada pelo deserto foi assustadora e dolorosa e desta vez não havia meio de evitá-la.

Ser forçado a empreender uma jornada pelo deserto é uma experiência arquetípica. Talvez todos os que são chamados a um desenvolvimento psicológico superior precisem passar por essa experiência do deserto. Existem várias maneiras de sermos forçados a empreender essa jornada. As pessoas podem ser mergulhadas num deserto psicológico, num horrível tempo de dúvida, angústia ou depressão e nunca deixar a soleira de sua porta. Examinada do ponto de vista puramente clínico, a jornada pelo deserto parece uma doença ou um colapso; examinada de um ponto de vista espiritual, ela pode ser uma iniciação ou rito de passagem pelo qual precisamos passar, a fim de que possa ocorrer uma mudança na consciência. O egocentrismo custa a desaparecer em nós. Muitas vezes só a dor de uma jornada pelo deserto pode produzir a nova atitude desejada.

Mas uma pessoa egocêntrica pode trapacear até com o sofrimento. Presos em nossa experiência de deserto, com sua dor e confusão, muitos de nós procuramos transformar nossa dor em autocomiseração, usar nosso sofrimento para desempenhar o papel de mártir e manipular os outros, ou talvez apenas desistir diante da dor e querer morrer. O sofrimento em si não é uma cura; ele só nos cura quando temos a atitude correta em relação a ele. Talvez a honestidade psicológica de Jacó lhe tenha sido muito vantajosa aqui. Vimos que ele não era uma pessoa que racionaliza e talvez neste deserto ele tenha enfrentado sua dor e percebido que ele a provocara para si mesmo. Seja como for, como veremos, o Jacó que emerge do deserto e entra na terra de Harã não é a mesma pessoa que entrou nele.

A segunda experiência que demole o egocentrismo de Jacó é o encontro com uma Vontade maior do que a sua, a qual o invade em seu famoso sonho. Lá longe no deserto, apavorado e sozinho, Jacó deita-se exausto para dormir, apoiando a cabeça numa pedra à guisa de travesseiro. Nas profundezas da noite Jacó é abalado por um sonho numinoso, no qual ele vê uma escada que vai da terra até o céu, com anjos subindo e descendo por ela, e do céu a Voz de Deus lhe fala: "Eu sou Javé, o Deus de Abraão, teu pai, e o Deus de Isaac" (Gn 28,13). Jacó acorda apavorado desta experiência de pesadelo. E exclama: "Como é terrível este lugar! Não é nada menos do que uma casa de Deus; é a porta do céu!" (Gn 28,17).

Como mostrei em meus livros *Dreams: God's Forgotten Language* (*Sonhos: A linguagem de Deus esquecida*) e *Dreams and Healing* (*Sonhos e cura*)[5], os sonhos e sua experiência complementar, as visões, são considerados na Bíblia um importante meio usado por Deus para falar ao homem. Do livro do Gênesis até o livro do Apocalipse, o Divino invade o homem através de sonhos surpreendentes. Os sonhos na Bíblia foram por muito tempo negligenciados pela Igreja e pela teologia; mas em nosso tempo as descobertas da psicologia profunda estão apoiando a antiga convicção dos homens da Bíblia de que na experiência do sonho as pessoas entram em contato com um sentido que as ultrapassa. O sonho de Jacó é típico da numinosidade das experiências bíblicas do sonho.

---

5. *Dreams*: God's Forgotten Language, cap. VI. Crossroad. • *Dreams and Healing*. Paulist Press, 1978. Cf. também Morton T. Kelsey. *God, Dreams and Revelation*: A Christian Interpretation of Dreams. Augsburg Publishing, 1974.

As palavras numinoso e numinosum vêm da palavra latina *numen*, que significa um espírito ou ser divino que preside, e uma experiência numinosa ocorre quando somos confrontados com uma força espiritual autônoma. Se, por exemplo, você entra na sua casa de noite, as luzes não se acendem quando você liga o interruptor, sente uma friagem sinistra no ar e você vê então uma misteriosa bola de luz movendo-se pelo ar e ouve o som de uma corrente retinindo no sótão, você está tendo uma experiência numinosa. Isto poderia ser chamado de experiência de numinosidade negativa, já que o ser espiritual com quem você está se confrontando é um fantasma. (Não estou pedindo ao leitor que acredite em fantasmas, mas apenas ilustrando como é uma experiência numinosa.)

Mas até uma experiência com uma força numinosa positiva é assustadora. O professor Rudolph Otto, que, em seu livro *O sagrado: aspectos irracionais na noção do divino e sua relação com o racional*, cunhou pela primeira vez as palavras numinoso e numinosum, mostrou que uma experiência numinosa inspira em nós reverência, medo e um sentimento daquilo que ele chamou de "criaturidade" (nossa mortalidade e finitude). Ele mostrou também que a numinosidade é o atributo principal de Deus na Bíblia; sua santidade está em sua numinosidade, de modo que podemos chamar a Deus de o "Numinosum", ou seja, a fonte da experiência numinosa. Mais tarde, C.G. Jung usou o termo numinoso porque descobriu que muitas experiências com o inconsciente tinham esta qualidade, que o centro do inconsciente era um numinosum poderoso e que muitos sonhos modernos, assim como os sonhos bíblicos, têm efeitos numinosos sobre a consciência.

Em seu sonho, Jacó experimenta o Numinosum e instintivamente ele, que, como observamos acima, não acreditava em Deus, agora reconhece que Deus lhe falou. Pela primeira vez em sua vida, ele é forçado a reconhecer uma Vontade maior do que a de seu próprio ego. Jacó tem um tipo primitivo de psicologia e, neste momento, se convence de que teve esse sonho porque Deus estava nesse lugar particular. Antes de se afastar erige ali um pequeno altar de pedra para marcar este lugar como um lugar numinoso. Era comum entre os antigos supor que certos lugares da terra eram extraordinariamente numinosos. Javé, por exemplo, morava de maneira especial no monte Sinai; no mundo grego, Asclépio podia ser procurado em certos mananciais e fontes; e Apolo falava em Delfos onde a terra tinha uma grande fenda. Ainda hoje temos o poder curativo em Lourdes e muitos acreditam que o altar numa igreja contém uma carga especial do poder numinoso sagrado. Com efeito, pode haver algo de verdade na ideia de que certos lugares são especialmente numinosos, mas depois Jacó chegará a dar-se conta de que Deus não respeita lugares e pode aparecer a ele de maneira psicológica, independentemente de uma localidade geográfica determinada.

A primeira tentativa de Jacó de relacionar-se com esta recém-descoberta Força que lhe falou em seu sonho é desastrada. José, filho de Jacó, estava familiarizado com os sonhos e era um mestre em interpretá-los, mas Jacó é basicamente um homem da realidade prática e dos negócios mundanos. Sua reação ao sonho está tingida com seu lado prático e com seus pendores egocêntricos, ao tentar fazer um acordo com Deus. Nesta barganha que Jacó tenta fazer com Javé, podemos ver o quanto ele estava apavorado em sua jornada pelo deserto. Ele declara:

"Se Deus for comigo e me mantiver seguro nesta jornada que estou empreendendo, se ele me der pão para comer e roupas para vestir e se eu voltar em segurança para junto de meu pai, então Javé será meu Deus" (Gn 28,20-22). Esta é uma barganha bem grosseira que Jacó tenta fazer com Deus e mostra em que estágio se encontra seu desenvolvimento espiritual neste momento. Isto nos lembra muitas pessoas de hoje, cuja visão religiosa é praticamente a mesma – "se Deus cuidar de mim e nenhuma adversidade cruzar o meu caminho, eu irei à igreja e cumprirei as observâncias religiosas adequadas". No entanto, Jacó se viu obrigado a levar em consideração este Deus que ele não conhecia antes. Para Jacó, esta barganha é um progresso religioso. Outra Vontade que não a dele foi reconhecida e assim ocorreu um progresso pequeno, mas significativo, em sua atitude egocêntrica.

É interessante que o sonho de Jacó pode ser interpretado à luz da moderna psicologia dos sonhos. Ao interpretar um sonho nós confiamos nas fontes de informação: Em primeiro lugar, precisamos saber acerca da situação particular da vida do sonhador, porque, via de regra, os sonhos são altamente individuais; eles pertencem a nós e a nenhum outro. Em segundo lugar, precisamos saber as associações que o sonhador tem com os símbolos e eventos do sonho – ou seja, o que os símbolos, pessoas ou eventos do sonho trazem à mente. Em terceiro lugar, talvez precisemos utilizar nosso conhecimento dos símbolos e motivos encontrados nas mitologias e religiões do mundo, a fim de compreender certos tipos de sonhos que provêm da área da psique chamada "inconsciente coletivo"[6].

---

6. O inconsciente coletivo é o termo com o qual Jung designa um substrato psíquico que é o mesmo em todos os seres humanos.

No caso de Jacó nós conhecemos as circunstâncias da sua vida pessoal quando ele teve este sonho, especialmente que o sonho ocorreu num momento de crise psicológica, quando seu mundo parecia estar desmoronando ao seu redor. Temos também algumas associações pessoais de Jacó com o sonho, já que está claro que o sonho o levou a pensar imediatamente em Javé, o Ser Divino do qual seu pai havia falado muitas vezes, mas cuja existência até então ele havia negado ou, pelo menos, ignorado no que dizia respeito à sua vida. Finalmente, por ser um sonho numinoso, é evidente que se trata de um sonho arquetípico, que provém do grande repertório de símbolos mitológicos e religiosos que se encontram no fundo do inconsciente.

De fato, existem paralelos impressionantes entre o sonho de Jacó e as tradições do xamanismo. O xamã, ou feiticeiro como é chamado pelo homem branco, é o antigo curandeiro indígena-americano, asiático ou africano. Ele/a é um sacerdote, educador e doutor primitivo reunidos numa só pessoa. Mircea Eliade, em seu livro sobre o tema[7], mostrou que as tradições xamanísticas são praticamente as mesmas em todo o mundo. A maneira como uma pessoa jovem é chamada a ser um/a xamã, como é treinada na profissão, como executa as curas e a concepção cosmológica que ela tem são universais.

De acordo com a cosmovisão xamanística existem três planos da realidade: o mundo terrestre, o submundo embaixo e o mundo celestial em cima. As pessoas comuns vivem apenas no plano central ou terrestre da realidade e pouco ou nada sabem dos mundos que estão em cima e embaixo. Os outros mundos são as esferas dos deuses e dos demônios, da cura e da doença,

---

7. Mircea Eliade. *Shamanism*. Princeton/N.J.: Princeton University Press, 1964.

da morte e do renascimento. O que torna o/a xamã diferente das pessoas comuns é que os seres das regiões superiores e inferiores se apoderaram dele/a e o/a levaram para a sua moradia. Aqui lhe são mostrados os mistérios da doença e da cura, da vida e da morte. Este "chamado" xamanístico é feito muitas vezes num sonho nítido ou numa visão fulgurante, como os que teve o profeta Ezequiel, acompanhados de uma aguda doença ou crise psicológica. Nesta experiência de mente alterada, o/a futuro/a xamã relata experimentar uma jornada para o mundo superior e o mundo inferior, onde ele/a chega a conhecer os deuses da doença e da cura, coisas que outras pessoas, sem essa experiência iniciática, não podem esperar conhecer. O/a xamã relata a experiência como acontecida fisicamente. Nós concluiríamos que ele/a empreendeu uma jornada visionária através do inconsciente, na qual o/a futuro/a xamã chegou a conhecer segredos da psique inacessíveis aos não iniciados e, por meio da experiência, atingiu uma consciência ampliada.

A jornada do/a xamã à região superior e à região inferior foi possível por causa de um elo que conectou o céu, a terra e o submundo, cuja localização foi revelada ao/à xamã em sua experiência. Este elo foi representado nas tradições xamanísticas como um polo do mundo, ou *uma escada*, que liga o céu e a terra. Assim, alguém poderia subir das esferas inferiores às esferas superiores e das esferas superiores descer às esferas inferiores.

Se interpretarmos o sonho de Jacó como uma versão do tipo xamanístico universal de experiência de iniciação, podemos apresentar algumas hipóteses sobre seu significado. Jacó tem a possibilidade de experimentar uma nova consciência; ou seja, sua mente consciente está agora exposta ao céu. Psicologicamente isto significa que conteúdos desconhecidos de natureza iluminadora e dilatadora da consciência podem agora começar a entrar em sua consciência. Quando isto acontece, as pessoas se tornam, como aconteceu com o/a xamã, diferentes das outras pessoas ao seu redor. Já que esses encontros com o inconsciente são privados, não podem ser adquiridos coletivamente ou através da educação, mas só podem chegar através da experiência psicológica pessoal. Eles são a marca do "renascido" e ocorrem de uma maneira ou de outra aos que conquistam uma vida psicológica e espiritual mais desenvolvida.

O sonho veio a Jacó neste tempo preciso porque este é o momento de sua crise psicológica. Antes, quando para ele tudo ocorria conforme estava planejado e era esperado, esse convite a uma consciência superior não teria sido possível. Só quando o ponto de vista consciente é gravemente abalado, por uma doença, uma catástrofe ou alguma experiência como a de Jacó, é possível esse contato com o lado espiritual do inconsciente.

No entanto, vale a pena observar que no sonho Jacó não subiu pela escada; só os anjos subiam e desciam por ela, enquanto Jacó permaneceu como um observador passivo de seu próprio sonho. É importante observar em nossos sonhos a atividade ou inatividade da figura do sonho que representa o ego e com a qual nos identificamos. Muitas vezes somos um participante ativo na ação; às vezes somos apenas o receptor passivo do que nos acontece; outras vezes a ação ocorre independentemente e nós parecemos ser apenas um observador. Assim aconteceu com Jacó e, a meu ver, isto mostra que, nesta etapa de seu desenvolvimento, ele ainda não está preparado para uma experiência com o "céu", ou seja, com o inconsciente coletivo e seu potencial de uma consciência superior. Jacó esteve ocupado tentando obter para si poder sobre as coisas da terra; ele ainda não está preparado para uma tão intensa experiência espiritual. Ele está também com medo de aventurar-se a chegar mais perto deste Numinosum e fazer-lhe perguntas.

Finalmente Jacó emerge da jornada pelo deserto. Podemos imaginar seu alívio por ter chegado são e salvo a uma terra onde existem outras pessoas e onde ele está livre dos perigos de morrer de inanição ou de perambular perdido no deserto desconhecido e não trilhado. Ele passou por uma experiência chocante e foi testado física e psicologicamente. De particular importância em suas memórias horripilantes e transformadoras é sua recordação da Força numinosa que lhe falou em seu sonho.

Quando ele sai do deserto desabitado, encontra um poço e em torno dele estavam reunidos pastores com seus rebanhos. Jacó começa a conversar com eles e descobre que eles são da vizinha Harã e assim sabe que chegou são e salvo a seu destino. Os pastores estão esperando que os rebanhos estejam reunidos para então rolar a pesada pedra do poço e dar de beber a todas as ovelhas; mas nesse momento Raquel, filha de Labão, o tio de Jacó, chega com o rebanho do pai. Jacó, informado pelos pastores sobre quem ela é, vai até o poço, rola a pesada pedra e dá de beber ao rebanho de Raquel. É a primeira vez que lemos que Jacó faz alguma coisa em favor de outra pessoa. A ação é significativa: ocorreu uma mudança no jovem egocêntrico. Raquel corre na frente para dizer ao pai que Jacó chegou e Labão vem ao seu encontro. Eles se abraçam e Labão exclama com palavras que, como veremos mais adiante, têm um sentido irônico: "Tu és realmente meus ossos e minha carne!" (Gn 29,14).

O que acontece agora a Jacó é o terceiro grande evento que estilhaça seu egocentrismo e prepara o terreno para uma vida mais generosa: ele se apaixona. Parece que Labão tem duas filhas. A mais velha se chama Lia, mas o relato nos diz que "não havia brilho nos olhos de Lia". Raquel, por outro lado, é descrita como "bem proporcionada e bela" e, prossegue o relato, "Jacó se apaixonou por Raquel" (Gn 29,17).

O fato de Jacó poder realmente se apaixonar mostra que ocorreu nele certa dose de crescimento psicológico durante sua jornada pelo deserto. Até então a única mulher em sua vida havia sido sua mãe. Enquanto um homem permanece num estado de desenvolvimento psicológico no qual sua mãe é para ele a mulher mais importante, ele não é capaz de amadurecer como homem. O eros de um homem, sua capacidade de amor e de relação, precisa libertar-se do apego à mãe e ele precisa ser capaz de estender a mão a uma mulher que seja sua companheira; caso contrário, ele permanece uma pessoa complicada, dependente e infantil.

A transição do mundo da mãe para a transformação num homem que se relaciona com o mundo de maneira madura e é capaz de amar uma mulher como sua alma é tão importante que as sociedades primitivas têm rituais de iniciação para ajudar o rapaz a passar da infância à idade adulta. Estes ritos de passagem variam de um lugar para outro, mas sempre envolvem expor o jovem rapaz à necessidade, à fadiga, ao sofrimento e à privação, entregando-o, por assim dizer, a seus próprios recursos. A jornada de Jacó pelo deserto desempenhou evidentemente o papel desse rito de passagem. Não havia mãe para ajudá-lo em sua perigosa jornada pelo deserto; ele precisava confiar em si mesmo, em sua força e desejo de viver. Jacó precisou matar seus desejos infantis de conforto e segurança e assumir a vida enquanto homem. Desta maneira ele estava preparado para seu grande caso de amor com Raquel e a imagem de mulher que ele trazia em sua alma mudou: deixou de ser uma imagem da mãe e passou a ser a imagem da mulher como alma.

A história de amor entre Jacó e Raquel é uma das grandes histórias de amor da Bíblia. Embora Jacó tivesse duas mulheres e diversas concubinas, foi Raquel que ele amou até o fim de sua vida. Quando ela morreu, ele lamentou-se muito e erigiu um monumento em memória dela. Os dois filhos que ela lhe deu, José e Benjamim, eram seus favoritos, porque eram os filhos de sua amada Raquel.

Assim Jacó se apaixonou por Raquel e evidentemente Raquel também amava Jacó; mas, naquele tempo, casar era mais complicado do que hoje e era necessário que o noivo e futuro esposo pagasse ao pai pelo privilégio de casar com sua filha. Afinal de contas, não era de esperar que um homem passasse todos aqueles anos criando e educando filhas sem obter algo em troca! Evidentemente Jacó não tinha dinheiro. Por isso ele e Labão chegaram a um acordo: Jacó trabalharia para Labão por sete anos a fim de obter o direito de casar com Raquel.

Às vezes, quando um homem se apaixona por uma mulher, ele está, de fato, apaixonado apenas por si mesmo. Um homem carrega consigo uma imagem de mulher, uma imagem da alma do feminino, por assim dizer[8]. No fenômeno conhecido como apaixonar-se, esta imagem da alma é vista pelo homem, de forma projetada, na mulher que ele ama. Consequentemente,

---

8. Cf. meu livro *The Invisible Partners*. Paulist Press. As mulheres trazem em si uma correspondente imagem interior do masculino. Infelizmente, as histórias do Antigo Testamento que estamos considerando têm homens como figuras principais. Remeto as leitoras ao livro acima mencionado para comentários sobre como sua relação com seu lado interior masculino é uma parte importante da individuação delas.

ele está fascinado por esta mulher, se sente incompleto sem ela e anseia estar com ela. Mas, enquanto não aprender a conhecer e amar a mulher concreta em si, seus sentimentos de amor permanecem ilusórios e imaturos. Alguns homens só querem apaixonar-se por uma deusa; eles querem o sentimento eufórico de "estar apaixonado", mas são incapazes de amar uma pessoa real. Estar apaixonado significa estar fascinado pela beleza da projetada imagem da alma; amar significa conhecer e apreciar uma mulher por si mesma. Enquanto o primeiro estágio, o estar apaixonado, não for seguido pelo segundo, o amor de um homem permanece egocêntrico e é, na verdade, apenas uma variante de seu complexo materno, no qual ele espera que uma mulher o satisfaça e o faça feliz.

Uma maneira de verificar se um homem ama realmente uma mulher ou se está apenas entregando-se ao estar-apaixonado, é verificar se ele está disposto a trabalhar por ela. O antigo costume em que o marido comprava o direito de casar com uma moça era psicologicamente sadio, porque podia significar que ele a amava suficientemente para trabalhar por obtê-la.

Hoje não temos esse costume, mas existe a possibilidade de um homem aplicar seus esforços na relação com uma mulher e isto é uma medida de sua capacidade de amar. Um homem que não está disposto a trabalhar para desenvolver a relação psicologicamente com uma mulher, mas deseja apenas uma relação instintual inconsciente, quer que uma mulher seja apenas uma extensão dele próprio. Não tendo aprendido a amar uma mulher por amor a ela própria, ele procura enquadrá-la num compartimento idealizado por ele e obrigá-la a viver num pacote de expectativas e exigências egocêntricas. Então ele vê a mulher não como uma pessoa por seus próprios méritos, mas como alguém que deve torná-lo feliz, ou seja, como uma mãe. Se ela o decepciona neste ponto, ele fica rabugento e pode puni-la por não ter nada a ver com ela.

Jacó não era um homem assim. Seu amor por Raquel era de tal qualidade que ele desenvolveu um eros diferenciado, uma capacidade única de relação psicológica e um apreço pelo lado feminino da vida. Talvez isto, mais do que qualquer outra coisa, serviu para demolir seu egocentrismo e preparou o terreno para seu desenvolvimento interior.

Sete anos parece um longo tempo para um homem trabalhar a fim de obter uma mulher, mas nosso relato nos diz que estes anos "lhe [a Jacó] pareceram poucos dias, de tanto que ele a amava" (Gn 29,20). É verdade que, quando a vida está fluindo e a energia está entrando abundantemente na consciência, como ocorre quando estamos fazendo algo significativo, o tempo parece passar rapidamente. Só quando a vida não está fluindo, nossa energia criativa está bloqueada e a vida ser tornou opaca e enfadonha, o tempo se torna um fardo pesado em nossas mãos.

Por fim chega o grande dia do casamento. Naqueles tempos era costume a noiva cobrir-se com um véu no dia do casamento, de modo que quando Jacó se casa, sua futura esposa está escondida por trás do pesado véu oriental. Imagine-se o choque e a consternação de Jacó quando vai consumar o casamento e descobre que casou com Lia, e não com Raquel. O astuto Labão substituiu sua bela filha mais nova pela filha mais velha pouco atraente.

Evidentemente Jacó se enfurece e acusa Labão de ser um terrível trapaceiro. Agora entendemos o significado da saudação que lhe fez Labão: "Tu és realmente meus ossos e minha carne!" Este Labão é um trapaceiro, exatamente como Jacó é um trapaceiro. Aparentemente Jacó conseguiu esquecer as trapaças que cometeu contra Isaac e Esaú e só consegue pensar na injustiça que lhe é feita. Jacó recomeçou uma vida nova; agora está trabalhando como um homem honesto, mas ainda não reconheceu o lado trapaceiro de si mesmo, caso contrário não teria mostrado tanta indignação com a trapaça que Labão lhe fez.

Nós nunca ficamos tão justamente indignados como quando alguém nos faz o mesmo que nós fazemos aos outros, mas ainda não admitimos este nosso comportamento. Labão, confrontado com o encolerizado Jacó, apenas encolhe os ombros e diz: "Não é costume em nossa terra dar em casamento a filha mais nova antes da mais velha" (Gn 29,26). Em outras palavras, Jacó devia saber que isso iria acontecer, levando em consideração o quanto seu tio é uma pessoa astuta. Seu lapso de consciência causou-lhe um penoso choque, mas muitas vezes é isso que nos torna mais conscientes. Agora as posições se inverteram e Jacó sabe o que é ser enganado. Ocorre outro passo no desenvolvimento de sua consciência. Talvez ele tenha até pensado consigo mesmo: "É assim que meu pai e meu irmão devem ter se sentido".

Labão, para mostrar que é uma pessoa de bom coração, faz a Jacó o que pensa ser uma oferta generosa: se Jacó quiser trabalhar para ele outros sete anos, poderá ter o direito de casar com Raquel imediatamente. Trata-se, se quisermos, do primeiro caso na história em que se compra a prestações. O amor de Jacó por Raquel é tão grande que ele aceita. Agora ele tem duas esposas e outros sete anos de duro trabalho pela frente.

Agora a história entra numa digressão acerba, mas significativa: a luta entre Lia e Raquel pelo amor de Jacó. Naturalmente Jacó está ressentido com Lia e tem pouca ou nenhuma afeição por ela. Deus, vendo sua situação difícil, abre o útero dela, enquanto Raquel permanece estéril. Em pouco tempo Lia dá à luz quatro filhos para Jacó – Rúben, Simeão, Levi e Judá – enquanto Raquel não tem filhos. Geralmente uma mulher que paria tantos filhos teria agradado ao marido, porque, como vimos, os filhos eram muito valorizados na era patriarcal, e uma mulher que dava à luz filhos era admirada e estimada; mas Jacó ainda amava Raquel. Isto o distingue novamente como homem do eros, para o qual uma mulher era uma pessoa a ser amada e uma companheira para a vida, e não simplesmente uma mãe para seus filhos e uma extensão de seu poder social e de suas ambições.

Mas mesmo amantes brigam e certo dia Raquel já não consegue mais aguentar sua frustração. "Dá-me filhos, ou eu morrerei!" grita ela para o marido. Jacó responde irritado: "Acaso estou eu no lugar de Deus? Foi ele que te recusou a maternidade" (Gn 30,1-2). Então Raquel recorre a uma medida desesperada e envia a Jacó sua escrava Bala, porque era costume que, se a esposa enviasse sua escrava para ter relações sexuais com o marido, os filhos resultantes da união seriam legalmente filhos da esposa. Assim Jacó dormiu com a escrava Bala e lhe nasceram mais dois filhos: Dã e Neftali. Raquel se alegrou com isto e exclamou: "Lutei contra minha irmã a luta de Deus e venci" (Gn 30,8). Mas em seu coração ela deve saber que não era a mesma coisa como se ela própria tivesse dado à luz os filhos de Jacó.

O placar estava agora em quatro a dois e Lia, vendo que não teria mais filhos, tomou sua escrava Zelfa e a deu a Jacó como esposa. Jacó, que deve ter-se divertido com tudo isso, teve mais dois filhos de Zelfa – Gad e Aser –, pondo Lia novamente muito à frente de Raquel. Mas Jacó ainda não amava Lia e deixou de dormir com ela, o que pesou muito no coração dela. Então, certo dia, Rúben, filho de Lia, encontrou algumas mandrágoras, que eram muito apreciadas como afrodisíacos. Raquel pediu a Lia que lhe desse algumas das mandrágoras, mas Lia recusou desdenhosamente o pedido, declarando que ela já lhe havia tomado o marido. Sendo assim, por que queria também as suas mandrágoras? Então Raquel barganhou com Lia: em troca das mandrágoras ela iria persuadir Jacó a dormir novamente com ela. Valendo-se desta barganha, Lia deu a Jacó mais dois filhos, Issacar e Zabulon, e também uma filha, Dina.

Agora o placar parecia esmagadoramente a favor de Lia, mas neste momento Deus se apiedou de Raquel e a tornou fecunda. Para sua grande alegria, ela deu à luz um filho – José. "Deus retirou minha vergonha", exultou ela (Gn 30,24). José, como sabemos, tornou-se um grande e famoso homem, uma das personalidades eminentes da Bíblia. A criança nascida do casamento por amor foi mais importante do que todos os outros filhos juntos. Mas a alegria de Raquel durou pouco. Alguns anos após o nascimento de José, ela concebeu novamente, mas morreu ao dar à luz Benjamim.

O angustiado Jacó erigiu um monumento em memória dela na atual localidade de Belém, lugar de nascimento de Cristo. O amor que Jacó prodigalizara a Raquel passou agora para os dois filhos dela, e José e Benjamim se tornaram os favoritos do pai. Cada vez que olhava nos olhos deles talvez visse os olhos de sua amada esposa e companheira.

Existe uma sensação de que todo homem tem uma Raquel e uma Lia dentro de si. É como se houvesse no interior de um homem uma força que o empurra para a conformidade social e a adaptação às exigências e expectativas externas. Jacó casou com Lia porque era a coisa que o ambiente social esperava que ele fizesse. Ele não a amava, mas ela fazia parte de sua vida, exatamente como outros conformismos fazem parte da vida. Mas existe também no interior de um homem uma força que o atrai para as coisas da alma. A bela imagem feminina no interior de um homem, que assim o puxa e atrai, é uma espécie de ímã que procura fazê-lo entrar em sua verdade interior. As duas forças estão em conflito. As exigências exteriores e as exigências interiores estão invariavelmente em guerra. Um homem mais fraco, menos fiel a seus próprios sentimentos, renuncia a seu lado Raquel e vive unicamente para Lia e o mundo das convenções. Mas um homem que é fiel ao eros permanece fiel à sua alma; este homem é capaz de chegar a relacionar-se com seu mundo interior.

Quando Jacó não estava envolvido nas intrigas de suas esposas, ele estava ocupado com afinco em cuidar dos rebanhos de ovelhas e, com o passar do tempo, se tornou um homem bem-sucedido e rico. Se Jacó vivesse hoje, não seria nem um sacerdote nem um ministro, mas um homem de negócios, um banqueiro, um pecuarista ou o executivo de uma grande empresa. Jacó não viveu em constante relação com Deus, como viveu José, por exemplo, que seguiu a palavra de Deus em seus sonhos, ou Moisés, que caminhava e falava com Deus todos os dias. Estes homens eram xamãs e profetas, mas Jacó era um homem que se ocupava com a tarefa mundana de ganhar o sustento até que, de quando em quando, Deus cruzava seu caminho e lhe falava de maneiras inconfundíveis.

Depois que Jacó terminou seus catorze anos de servidão a Labão, voltou suas energias para a construção de sua própria fortuna e, com sua sagacidade e diligência, foi bem-sucedido. A mesma habilidade e astúcia que usara para trapacear Esaú ele as usou agora de maneira legítima para constituir seus rebanhos de ovelhas. Neste momento Jacó está fazendo o que poderia ser chamado de "uso apropriado da sombra". O indivíduo sagaz que trapaceou a própria família tornou-se agora um empresário astuto, mas legítimo. Com efeito, Jacó tornou-se tão rico que incorreu na cólera e ciúme de Labão e, no debate resultante, encontrou uma forma vingar-se da trapaça que seu tio perpetrara contra ele por ocasião de seu casamento.

Labão, esperando frear o sucesso de Jacó, levou-o a fazer um acordo: todas as ovelhas negras e todas as cabras malhadas e listradas seriam o salário de Jacó por trabalhar para Labão, e as outras pertenceriam a Labão. Mas Labão tinha uma carta na manga e, antes de entregar seus rebanhos ao sobrinho, mandou remover dos rebanhos todas as ovelhas negras e as cabras malhadas ou listradas. Mas desta vez Jacó foi muito mais esperto do que Labão. Cada vez que as ovelhas acasalavam, Jacó erguia alguma coisa preta diante delas; e, cada vez que as cabras acasalavam, ele erguia galhos nos quais fizera incisões em forma de tiras, removendo a casca das tiras e deixando aparecer a parte branca. Como resultado, só nasciam ovelhas pretas e cabras malhadas. Podemos questionar a teoria da genética dos antigos hebreus, mas a história ilustra divertidamente o quanto Jacó era esperto e astuto em seus negócios mundanos. Encontrou uma boa maneira de pôr em funcionamento sua antiga esperteza de sombra, e desta vez não há o que censurar. Labão havia procurado sarna para se coçar e nossas simpatias se voltam inteiramente para Jacó. Mas, como acabou se revelando, foi em parte seu próprio sucesso que levou a uma experiência ainda mais assustadora e perigosa do que sua jornada pelo deserto.

3 Uma luta corpo a corpo com Deus

Quando os filhos de Labão veem que Jacó está passando a perna em seu pai, eles se enfurecem e começam a tramar contra ele. Jacó percebe que as coisas entre ele e seu tio "não são mais como eram antes" e que ele precisa encontrar um meio de fugir. Então Javé fala novamente a Jacó num sonho e lhe ordena: "Volta para a terra de teus antepassados e para teus parentes e eu estarei contigo" (Gn 31,2-4).

A ordem de Deus é agourenta, pois precisamos lembrar que isto significava retornar à terra de Esaú e enfrentar a perspectiva de vingança nas mãos deste irmão que se tornou um estranho e desafeto. Não era uma perspectiva favorável que Jacó enfrentava. Evidentemente, ele precisava deixar Harã, mas por que retornar à terra de Esaú? Por que não seguir para outra direção e encontrar um lar seguro?

No entanto, Jacó decide obedecer à Voz Divina. Seu instinto mais profundo é que ele precisa confiar na ordem de Deus, por maiores que possam parecer os perigos; e Jacó é fiel a este instinto, embora não esteja em condição de saber o que Deus tem em mente. Mas nós estamos em condição de ver por que

Jacó precisava retornar à sua terra de origem. Toda a vida de Jacó desde que deixou seu lar foi um longo processo de chegar a um acordo consigo mesmo e de substituição de seu egocentrismo por uma personalidade mais ampla, dada por Deus. Mas esse processo de desenvolvimento não pode ser concluído se Jacó não retornar à terra de seus malfeitos anteriores e não enfrentar Esaú. Evidentemente, Jacó saiu-se bem na terra de Labão, vivendo uma vida honesta e valiosa, mas ainda não enfrentara a pessoa que ele fora na juventude, nem corrigira as coisas terríveis que fizera contra o irmão. Seu desenvolvimento espiritual não pode ser completo enquanto não se reconciliar com Esaú e não encarar e assumir a responsabilidade pela pessoa fraudulenta que foi no passado.

Mas esta é uma tarefa incômoda que lhe foi imposta. Como teria sido muito mais fácil se Deus estivesse disposto a impor algo menos do que uma completa prestação de contas de sua vida, se tivesse permitido a Jacó passar seus últimos anos em paz e tranquilidade. Mas Deus não tem a intenção de deixar Jacó em paz enquanto não forem cumpridas as verdades psicológicas e as tarefas espirituais finais. Agora Jacó está aprendendo o que significava ter o direito de primogenitura sobre seu povo. Esta relação direta, confrontadora e exigente com Deus *é* o direito de primogenitura que Jacó, inconscientemente, assegurou para si. Assim como Abraão, seu avô, o qual, à ordem de Deus, deixou seu lar confortável em Ur e partiu para o deserto desconhecido de Canaã, assim Jacó precisa agora deixar para trás sua segurança e enfrentar um futuro desconhecido e perigoso. Jacó, que originalmente procurou o direito de primogenitura a fim de usá-lo para seus próprios objetivos pessoais de poder, descobre ao invés que é usado por um Poder superior a ele.

Por isso Jacó toma sua família, seus rebanhos e servos e se põe a caminho da terra de Canaã. Quando deixou Canaã pela primeira vez, ele era um jovem que seguia sua própria vontade; agora, em seu retorno, ele é um homem que está seguindo uma Vontade que não é a sua. Antes ele só perseguia objetivos estabelecidos por ele próprio; agora ele persegue objetivos estabelecidos por Deus, objetivos que ele preferiria não perseguir porque o levam ao perigo e à incerteza. Isto mostra como ele mudou, até que ponto seu egocentrismo foi substituído e sua personalidade foi reorganizada em torno de outro centro.

A história agora se encaminha rapidamente para seu clímax. As esposas de Jacó vão com ele, porque seu amor por Jacó é mais forte do que sua lealdade ao pai. Labão os persegue e os alcança, mas é levado a reconhecer que Jacó está sendo guiado por Deus; os dois chegam a um acordo e se tornam novamente amigos. Labão volta para casa e Jacó prossegue seu caminho até chegar à torrente de Jaboc, do outro lado, do qual se encontra a terra de Canaã. Aqui ele é informado que Esaú está vindo ao seu encontro. Jacó envia observadores à sua frente para transmitir a Esaú a mensagem de reconciliação, mas os observadores veem que Esaú traz consigo quatrocentos combatentes. Cheios de apreensão eles voltam para Jacó sem ter falado com Esaú, trazendo-lhe a desalentadora notícia de que Esaú se aproxima com soldados armados.

Jacó nos mostra novamente até onde ele abandonou seu egocentrismo. A autopreservação o aconselharia a fugir, mas Jacó permanece obediente à sua voz interior e ao mesmo tempo solícito com o bem-estar de sua família e servos. Nesta situação extrema ele reza e desta vez sua oração é muito diferente da barganha que tentou fazer com Deus após seu sonho no meio do deserto. Primeiramente, Jacó agradece a Deus por todas as bênçãos que dele recebeu e expressa seu sentimento de indignidade diante de toda a bondade de Deus. Depois, lembra a Deus as promessas que este lhe fez, que ele dissera que o guardaria e o protegeria. Finalmente, implora que Deus o salve da cólera de Esaú e expressa livremente seu medo em relação a si mesmo e à sua família.

A oração de Jacó é franca e honesta. Ele deixa suas emoções se revelarem na oração; nada de trivialidades piedosas, mas um desnudamento honesto de sua alma e um diálogo franco com Deus. Muitíssimas orações não atingem seu objetivo porque as pessoas não rezam com honestidade emocional. Jacó nos mostra como rezar. Se estamos zangados com Deus, dizê-lo; se o amamos, dizê-lo; se estamos com medo, trazer isto para a nossa oração. A oração é relação com Deus; e não existe nenhuma relação, certamente não com o Divino, sem honestidade emocional. Depois, tendo feito tudo o que podia na oração, Jacó faz o que ele pode por conta própria. Ele divide sua família, servos e rebanhos em dois grupos e os envia à frente por caminhos diferentes, raciocinando que, se Esaú ataca um grupo e o destrói, o outro ainda estará a salvo. Ele próprio permanece sozinho nessa noite no acampamento.

Existem algumas experiências-chaves que nos acontecem quando estamos com outras pessoas e algumas que só nos acontecem quando estamos sozinhos. Quando estamos sozinhos o limiar da consciência é reduzido e podem penetrar em nossa consciência experiências interiores marcantes, que seriam impedidas de entrar se nossa atenção fosse distraída. Por isso, desde tempos imemoriais, os homens que buscam o Espírito têm procurado a solidão. Elias, exilado pela rainha Jezabel e com o espírito abatido, empreendeu sozinho a jornada até o monte Horeb. Jesus, sobrecarregado por sua missão junto às multidões, se retirava para o deserto a fim de ficar sozinho. Santo Agostinho se converteu quando estava sozinho em seu jardim. O/a jovem indígena se retirava sozinho/a para o deserto, a fim de aguardar um "grande" sonho no qual um ser espiritual apareceria; e isto seria sua entrada no mundo dos adultos. Muitas pessoas não têm estas experiências porque têm medo de ficar sozinhas. Hoje ligamos o rádio ou a TV ou recorremos ao telefone para falar com nosso vizinho – tudo para evitar a temível solidão na qual o Espírito pode nos perturbar. Estar sozinho exige coragem espiritual, mas esta é uma qualidade que Jacó possuía. É outro aspecto de sua honestidade psicológica, da qual falamos acima.

Agora chegamos à parte mais estranha de nossa história. Enquanto Jacó estava sozinho de noite, à beira da torrente de Jaboc, um ser pulou sobre ele de repente. A Bíblia diz simplesmente: "E houve alguém" (Gn 32,25) que lutou com ele corpo a corpo até o amanhecer. Algum tipo de força espiritual, um aparente adversário, de repente agarrou Jacó e lutou com ele corpo a corpo na escuridão. Precisamos usar nossa imaginação para entender quanta força psicológica e coragem espiritual Jacó precisou ter para lutar corpo a corpo com seu apavorante adversário durante toda aquela longa noite, porque não era um mortal comum que lutava com ele, mas um ser numinoso vindo do Desconhecido. Um homem inferior a Jacó poderia ter morrido de pavor ou implorado misericórdia ou tentado fugir, mas Jacó permaneceu firme e durante toda a noite os dois lutaram.

Finalmente o dia começou a raiar e o adversário de Jacó quis interromper a luta. Evidentemente, este foi o tipo de encontro espiritual que desaparece com a luz do dia, porque é um fato que nossa mente é diferente de noite, mais próxima do nível primitivo, e que existem experiências psicológicas que ocorrem na escuridão, mas desaparecem com a aurora. Mas Jacó não passou por esta agonia sem motivo e se recusou a abandonar a luta enquanto não descobrisse o que ela significava. "Eu não te deixarei ir se não me abençoares", declarou Jacó a seu antagonista numinoso (Gn 32,27).

Jacó recusou-se a dizer adeus à sua experiência enquanto não soubesse seu significado e isto o marcou como um homem de grandeza espiritual. Todo aquele que luta com sua experiência espiritual e psicológica e, não importando quão escura ou assustadora ela seja, se recusa a abandoná-la antes de descobrir seu significado, está tendo algo da experiência de Jacó. Essa pessoa pode aguentar esta luta e chegar renascido ao outro lado, mas quem recua ou foge de seu encontro com a realidade espiritual não pode ser transformado.

O Adversário Divino respondeu ao pedido de Jacó com uma pergunta: "Qual é o teu nome?" E depois acrescentou: "Teu nome não será mais Jacó, mas Israel, porque foste forte contra Deus" (Gn 32,28). "Israel" significa literalmente "alguém que luta com Deus". No Antigo Testamento, o nome de uma pessoa revelava sua essência interior. A mudança de nomes mostra que a natureza interior de Jacó foi radicalmente mudada. Esta mudança é a bênção que Jacó pediu. Ele não é mais Jacó, "alguém que toma o lugar", mas "Israel", um homem que lutou com o próprio Deus.

Para compreender a estranha experiência de Jacó, precisamos usar nossa imaginação a fim de reconstruir o que deve ter passado pela sua mente naquela noite fatídica; ele deve ter percorrido retroativamente seu repertório de memórias até chegar aos dias sombrios de sua juventude e aos atos fraudulentos praticados contra o irmão e o pai. Ele sofreu a dor de considerá-los do ponto de vista de sua maturidade e ficou agoniado com o jovem egocêntrico que havia sido. Ele estava lutando com sua sombra, a sombra escura existente dentro dele. Mas havia também a questão de Esaú e de seu destino no dia seguinte. Jacó estava encarando a morte de frente. O amanhecer do dia seguinte poderia ser o último nascer do sol que ele contemplaria. Diante dele se estendia o Desconhecido: a morte, com todas as suas perguntas não respondidas. A morte é uma das grandes experiências numinosas, porque, quando olhamos a morte, que está sempre ao alcance da mão, estamos perscrutando o totalmente desconhecido. O que começou como uma luta com sua sombra em sua mente desembocou numa luta com o Desconhecido e assim todo o seu inconsciente agarrou o ego de Jacó e lutou corpo a corpo com ele. Por trás da luta de Jacó corpo a corpo está o arquétipo da totalidade, que Jung chama de si-mesmo ou imagem de Deus na alma, um mistério que pode ser experimentado, mas nunca tornado racional.

Depois de receber a bênção mediante a troca de nome, Jacó perguntou a seu Adversário Divino qual era o seu nome, mas este não era um nome para Jacó conhecer. O Adversário perguntou: "Por que perguntas pelo meu nome?" (Gn 32,30) e recusou-se a dizê-lo. Moisés chegou a conhecer o nome Deus, mas Jacó não. Conhecer o nome de Deus é conhecer sua essência interior e isso pode ser assustador e aniquilador para alguém despreparado. Nem mesmo a coragem espiritual de Jacó o havia preparado para esse tipo de experiência. É literalmente verdade que, se uma pessoa é mergulhada repentinamente no Desconhecido – essa região interior inconsciente na qual Deus habita na alma –, ela pode ficar desorientada ao ponto de perder a razão. Por isso o Adversário Divino não lhe disse o seu nome, mas partiu ao nascer do sol. Mas primeiro fez uma coisa estranha: tocou Jacó na coxa, ferindo-o, de modo que Jacó deixou o lugar manquejando de uma coxa. Quando Jacó partiu deu ao lugar um nome – Fanuel – que significa: "a face de Deus". Jacó declarou: "Porque vi Deus face a face, eu sobrevivi" (Gn 32,31). Então ele deixou Fanuel para juntar-se à sua família, coxeando ao caminhar.

A facilidade com que o Adversário feriu Jacó nos leva a suspeitar que ele poderia ter vencido a luta contra seu antagonista humano a qualquer momento. O sentido do encontro está na própria luta e o objetivo do Adversário era mudar e testar Jacó, e não destruí-lo. A ferida que Jacó recebeu é a marca a ser carregada por uma pessoa que se encontra com uma realidade espiritual de maneira tão profunda como foi o caso de Jacó. Uma pessoa que tem uma experiência desta profundidade psicológica sempre é ferida por ela. É uma maneira de dizer que alguém que se encontra com essas coisas nunca pode retornar e ser o mesmo tipo de pessoa que era antes. A experiência é indelével e nos muda para sempre. Ela se torna uma espécie de ferida, que nos lembra constantemente a realidade espiritual que chegamos a conhecer e nos obriga a reconhecer a natureza finita deste pequeno ego nosso em relação com a grandiosidade de Deus.

Essa ferida espiritual não deve ser confundida com uma neurose ou um ferimento que deixa aleijado. Não é uma ferida que limita, mas uma ferida da qual brota a vida de Deus, uma garantia de que, após uma tal experiência, uma pessoa nunca mais pode viver inconsciente da realidade espiritual. Na cura d'almas encontramos experiências como esta. Algumas pessoas podem encontrar a ajuda de que precisam para certo problema e depois voltar ao seu estilo de vida anterior e ao estado de consciência anterior. Outros são tocados profundamente, durante o processo, pelas forças do inconsciente. São afetados tão profundamente que nunca mais serão os mesmos. Não podem retornar ao seu si-mesmo anterior, mas precisam caminhar constantemente para frente na vida; e cada dia de sua vida eles são forçados a viver com a percepção de que a realidade interior está um pouquinho mais adiante. Isso leva uma pessoa solitária a ser marcada por Deus dessa forma; a pessoa é forçada a reconhecer sua diferença em relação aos outros que não tiveram a experiência. Mas é também uma grande bênção, porque deste ego ferido jorra a vida de Deus.

Agora a história de Jacó caminha rapidamente para a cena final. Jacó segue em frente para encontrar-se com Esaú. Ele deve ter sido realmente um homem exausto enquanto caminhava para este encontro com o irmão. Desarmado, ele caminha unicamente com a fé de que Deus o auxiliará. De início a situação parece assustadora à medida que Esaú se aproxima com seus homens armados. Jacó dirige-se a Esaú e se inclina sete vezes diante do irmão. Como este Jacó é um homem diferente do jovem arrogante que negou ao faminto Esaú uma tigela de sopa! E Esaú o abraça e chora. Os dois irmãos se mantêm abraçados e suas lágrimas são uma evidência do perdão mútuo e da abertura de seus corações. E Jacó declara: "Para falar a verdade, eu vim à tua presença como se vai à presença de Deus" (Gn 33,10).

Esta feliz cena de reconciliação sugere que também Esaú passou por um processo de desenvolvimento psicológico análogo ao de Jacó. Infelizmente não sabemos nada do que aconteceu com Esaú desde que foi traído por Jacó, mas sua atitude e índole generosas sugerem mais do que um simples arrefecimento de sua cólera. Talvez Esaú tenha adquirido aquele traço de honestidade psicológica que salvou seu irmão do desastre espiritual e encarado sua própria sombra, aceitando a responsabilidade por sua própria fraqueza que lhe permitiu entregar seu direito de primogenitura por uma tigela de sopa. Esta dolorosa autoconfrontação é profundamente curativa. É a única maneira de obter nosso equilíbrio interior e preparar o terreno para nosso desenvolvimento psicológico e, tendo enfrentado nossa própria fraqueza e culpa, somos capazes de aceitar e perdoar os outros. Não sabemos se foi isto o que Esaú experimentou, mas sabemos que agora ele é uma pessoa diferente da pessoa tosca e estouvada que ele era quando jovem.

Assim os irmãos separados se reconciliaram e nossa história está concluída. Jacó se reconciliou consigo mesmo, com Deus, com Esaú. O destino de Jacó se cumpriu.

* * *

EPÍLOGO

O holofote da narrativa bíblica volta-se agora de Jacó para seu filho José. Jacó continua aparecendo de vez em quando na história subsequente, mas não é mais o personagem principal.

Vemo-lo sobretudo como um ancião que perdeu sua amada esposa Raquel e vive com suas outras mulheres e seus muitos filhos. Ele não se mostra de maneira alguma uma pessoa inteiramente sábia o tempo todo. Ninguém chega a um estado de perfeição e Jacó enquanto idoso comete erros, exatamente como cometeu quando era jovem. Mas seus erros já não são as faltas egocêntricas de sua juventude, mas as faltas de um homem que amou profundamente, embora nem sempre sabiamente. Porque, embora Jacó amasse todos os seus filhos e estes o amassem, ele amou José, o filho de Raquel, mais do que os outros e seu favoritismo aparecia claramente e levou a desastrosas consequências. Jacó continuou mostrando um defeito comum de sua família na maneira como esbanjava afeição por um filho e discriminava os outros.

No entanto, existe outra história que salienta a permanente sensibilidade espiritual e consciência de Jacó. José tem um sonho no qual vê o sol e a lua e onze estrelas inclinando-se diante dele. Naturalmente José o entende num nível pessoal, como um sinal de sua supremacia sobre o pai, a mãe e os onze irmãos. Jacó, um pai sábio neste ponto, o repreende por sua arrogância, mas observa também que o sonho é um presságio de um grande futuro para seu filho e "conservou o fato na memória" (Gn 37,11). Ele tem a sabedoria de não alimentar a presunção do jovem José, mas também a percepção espiritual para reconhecer que talvez estivesse reservado a ele um grande destino.

Assim Jacó viveu para ser um ancião, cheio de amor e preocupação por seus filhos, até que finalmente José trouxe a ele e toda a família para a terra do Egito, onde Jacó, muito amado, morreu, após dar uma bênção a todos os filhos. Cada um recebeu uma bênção, mas a grande bênção foi para José. É interessante observar que Jacó *não* manteve a tradição irracional segundo a qual a grande bênção ia sempre para o filho mais velho; sua grande bênção foi para José, aquele que obviamente fora escolhido por Deus. Porque agora Jacó sabia qual era o verdadeiro direito de primogenitura de seu povo: era a relação direta entre um homem e Deus, entre o ego e o numinosum; e saber quem iria continuar essa relação não é uma questão a ser decidida por tradição. Depois, tendo realizado esse último ato de consciência, "ele recolheu os pés sobre o leito e, exalando o último suspiro, reuniu-se aos seus antepassados" (Gn 49,33).

Parte II
O escravo que governou uma nação

4 Um jovem arrogante

Existem muitos paralelos entre as histórias de Jacó e de José. Isto não causa surpresa, já que o desenvolvimento psicológico ocorre de certas maneiras típicas. Assim descobriremos que José passa por diversas experiências que são semelhantes às de Jacó.

Como Jacó, José é um jovem egocêntrico. José não se envolve no tipo de subterfúgio sombrio e trapaça praticado pelo jovem Jacó; mas, no mínimo, é mais insuportável. O primeiro relato que temos mostra que ele era aquela pessoa universalmente desprezada, um fofoqueiro. Ficamos sabendo que, quando José tinha dezessete anos, ele "informava seu pai sobre o mal que se dizia a respeito deles (seus irmãos)". Os motivos para José trazer ao pai um relato ruim sobre seus irmãos eram evidentemente maliciosos. Ele não tem nenhum motivo para criar uma má imagem de seus irmãos a fim de conquistar a afeição do pai, já que ele já é o favorito de seu pai: "Israel amava José mais do que todos os seus outros filhos, porque ele era o filho de sua velhice" (Gn 37,2-3).

Não sabemos sobre o desenvolvimento do egocentrismo arrogante de José tanto quanto sabemos sobre o de Jacó. No caso de Jacó, conhecemos seu complexo materno, ou o favoritismo de Rebeca por ele, e a fé que ela tinha de que ele estava destinado por Deus a grandes coisas. Agora Rebeca está morta e também está morta Raquel, a mãe de José. Mas sabemos que José é o favorito do pai e suspeitamos que este favoritismo não se deve tanto ao fato de ele ser o filho da velhice de seu pai, mas ao fato de ele ser o filho da muito amada Raquel.

Como vimos em nosso estudo sobre a vida de Jacó, Raquel carregava consigo a alma de seu marido, ele a amava muito intensamente. Após a morte dela, Jacó deve ter posto nos seus dois filhos o sentimento intenso que tinha por ela. Estes filhos podem ter-se transformado em deuses para ele. Uma das imagens de Deus é a imagem da "Criança Divina"; nós a vemos na história do Natal e na magia que cerca o Menino Jesus. Se os pais não têm Deus no lugar certo, seus filhos podem desempenhar um papel de deus para eles, parecendo seres magicamente maravilhosos que não podem fazer nada de errado. Em linguagem psicológica podemos dizer que a nova vida que o pai/mãe deve estar percebendo em si mesmo/a é vista no filho, que desempenha então um papel divino para os pais. Porque, se consideramos outros seres humanos como nossa fonte de vida nova e de sentido, eles são deus para nós.

Sempre que deus é colocado em alguém, essa pessoa sofre. Nenhum ser humano pode representar deus para outro ser humano. Se é um outro adulto que é deus para nós, mais cedo ou mais tarde essa relação desmoronará, porque nenhuma pessoa pode desempenhar o papel de deus indefinidamente. Se é uma criança que representa deus para seus pais, algo destrutivo pode acontecer. Às vezes é uma colisão com a realidade. É realmente um choque para uma criança, que foi criada com a crença de

O homem que lutou com Deus

que ela é quase Deus, ser mergulhada de repente num mundo que de modo algum se impressiona e não dá a mínima. No caso de José parece que este mal aconteceu porque ele se identificou com esta ideia de ser semelhante a um deus. Ele acreditava ser essa pessoa maravilhosamente grande com qualidades divinas e isso produziu nele um tipo de egocentrismo de Estrela, um descomedido desejo de brilhar e de receber adulação e homenagem dos outros. Para a personalidade de José desenvolver-se era preciso romper esse egocentrismo destrutivo e, à medida que nossa história progride, descobriremos que esta grande Estrela de um jovem sofre o irônico destino de tornar-se um completo zé-ninguém – um escravo sem ter sequer um nome para si mesmo. Foi um remédio amargo, mas levou a curar o arrogante José de sua presunção e romper sua identificação inconsciente com um papel divino.

Considerando o tipo de pessoa arrogante que este irmão fofoqueiro era, não causa surpresa que seus irmãos o odiassem: "Mas seus irmãos, vendo como seu pai o amava mais do que todos os seus outros filhos, passaram a odiá-lo ao ponto de tornar-se incapazes de trocar uma palavra amigável com ele" (Gn 37,4). O ódio dos irmãos está misturado com seu amor. Eles amam o pai e querem o amor dele em troca, mas sofrem com o favoritismo que Jacó mostra para com este desprezado José. Nossa necessidade de amor, quando contrariada, facilmente se transforma em ódio. Era natural que seu ciúme iria inspirar ódio para com José e que a personalidade extremamente irritante de José deveria inflamar a cólera deles.

A situação só piora quando José expõe dois grandes sonhos. Em nossa análise de Jacó, observamos que as pessoas da Bíblia acreditavam em sonhos e José e seus irmãos não são nenhuma exceção. Sem nenhuma diplomacia, José repete aos irmãos o seguinte sonho: "Ouvi este sonho que tive: estávamos atando feixes no campo e parecia que o meu feixe se levantou e ficou de pé; depois vi que os vossos feixes se reuniram ao redor e se inclinaram diante do meu feixe" (Gn 37,6-7). Com razão, seus irmãos consideraram o fato de José contar-lhes o sonho mais um exemplo de sua arrogância. Cheios de cólera exclamam: "'Então queres governar-nos como rei e dominar-nos como senhor?' E o odiaram ainda mais por causa dos seus sonhos e do que ele dizia" (Gn 37,8).

Os irmãos deram ao sonho uma interpretação freudiana. Freud disse que os sonhos expressam, de forma disfarçada, desejos que são considerados, pela personalidade consciente, inaceitáveis por razões morais ou outras. A ideia-chave nesta teoria da interpretação dos sonhos é a satisfação de desejos; diz-se que nossos sonhos expressam desejos que nós secretamente nutrimos, mas não ousamos encarar conscientemente. Os irmãos veem o sonho de José sob esta ótica, como a expressão deste desejo de dominá-los e como outro exemplo de sua presunção.

Sem dúvida o arrogante José tinha este desejo, embora não haja nenhum motivo para supor que ele reprimia seus desejos por razões morais; mas o significado mais profundo de seu sonho está em seu presságio do futuro. Existem sonhos nos quais o destino de uma pessoa é insinuado muito antes de se tornar realidade. Visto desta maneira o sonho é uma manifestação do destino divino que está atuando na vida de José.

Considerada psicologicamente, a ideia de destino faz parte da ideia da individuação. Citamos acima o exemplo da bolota que se tornou o grande carvalho; podíamos ter dito que este era o destino da bolota. Destino e destinação são ideias estreitamente relacionadas. Se cumprimos o nosso destino, alcançamos nossa peculiar destinação ou condição final da vida. A ideia de destino é um exemplo da influência teleológica que molda nossa vida e nos arrasta para um futuro desenvolvimento que é conhecido em algum lugar no inconsciente, mesmo que ainda não seja conhecido à consciência. Contudo, não está relacionada com a ideia de predestinação. A predestinação implica que Deus predeterminou que as pessoas cumpram uma meta específica. O destino, por outro lado, pode ser cumprido ou não, assim como nossa individuação pode ser cumprida ou não. Porque se nosso destino se cumpre ou não, isso dependerá do quanto nós nos tornarmos conscientes e do quanto o nosso egocentrismo for superado.

Mas até este momento nem José nem seus irmãos estão suficientemente conscientes para entender o sonho desta maneira. José apenas se deleita na visão inflada de si mesmo que o sonho lhe sugere; não percebe que, para o sonho se cumprir, ele precisa tornar-se o tipo de pessoa que Deus pode usar; e também não tem a menor ideia de que, se este sonho deve tornar-se realidade, ele precisa primeiro suportar um enorme e purificador sofrimento. Se tivesse vislumbrado por um momento o que devia acontecer em sua vida por causa deste sonho, sua atitude teria sido de humildade e consternação e sem dúvida o teria guardado para si. Seus irmãos, por outro lado, não conseguem enfrentar as implicações mais profundas do sonho. Em algum lugar de suas mentes deve ter surgido a suspeita: "Talvez é assim que vai ser". Mas este pensamento desagradável foi logo reprimido; não admitido à consciência, ele supurou como uma dúvida perturbadora no inconsciente. A semente para a decisão que os irmãos tomaram de matar José é alimentada por esta dúvida e medo reprimidos. Quando decidem assassinar José é porque o temem e não apenas porque o odeiam.

Um jovem mais sábio teria deixado a poeira abaixar, mas a *hybris* (orgulho) de José não conhece limites. Ele sofre também de um defeito comum a pessoas com este tipo de presunção: ele supõe que não lhe pode advir nenhum dano. Enquanto favorito de seu pai, identificando-se como uma espécie de deus, ele se sente magicamente protegido contra os perigos que os mortais comuns devem temer. Por isso, quando tem um segundo sonho, que num nível superficial também sugere sua supremacia sobre os irmãos, ele alardeia também este sonho na cara deles. Diz José: "Eis que tive outro sonho. Pareceu-me ver o sol, a lua e onze estrelas inclinarem-se diante de mim" (Gn 37,9-10).

Agora a arrogância de José é tão grande que até seu pai o repreende: "Que sonho admirável! Acaso todos nós, eu, tua mãe[9] e teus irmãos, iremos prostrar-nos por terra diante de ti?" (Gn 37,10). Mas, embora Jacó sabiamente repreenda José, procurando refrear sua presunção excessiva, ele também "conservou o fato na memória". Está aqui um sábio conselho para aqueles dentre nós que somos pais/mães de filhos adolescentes ou adultos e os vemos seguir um mau caminho. Muitas vezes pouco podemos fazer para influenciar diretamente estes jovens. Mas podemos acumular em nossa consciência uma percepção de quem eles realmente são. Podemos estar conscientes deles, mesmo que eles não estejam conscientes de si mesmos. E podemos também trabalhar em nosso próprio eu e em nossa própria individuação. A partir da consciência desse pai/mãe, uma influência positiva

---

9. De acordo com Gn 35,19, a mãe de José, Raquel, já morreu. Por isso podemos supor que a história se refere a outra mulher de Jacó ou que neste ponto a história procede de outra tradição.

atua invisivelmente, através do inconsciente, sobre o/a jovem. Ao que parece, é isto que o velho pai Jacó faz agora por José. Assim como outrora Rebeca viu que um destino divino estava reservado a Jacó, assim Jacó percebe agora que um destino insólito aguarda José. No entanto, seus irmãos veem apenas seu arrogante irmão mais moço e o odeiam ainda mais.

O fato de José lembrar seus sonhos é uma questão de grande importância para nossa compreensão da história. José, mesmo enquanto jovem, lembrava seus sonhos e prestava-lhes cuidadosa atenção. Não ouvimos nada sobre seus irmãos lembrarem seus sonhos. Nem mesmo seu pai Jacó, pelo que sabemos, tinha o hábito regular de lembrar seus sonhos, embora tenha sido profundamente influenciado pelos poucos sonhos vigorosos que o surpreenderam em momentos cruciais de sua vida. Mas José vive tão absorto em seu mundo interior que seus irmãos o chamam zombeteiramente de "o homem dos sonhos".

O contato instintivo e permanente de José com seus sonhos marca-o como uma pessoa dotada de uma psicologia incomum. Muitíssimas vezes a história de José nos diz que "Javé estava com José". Por mais sombria e aparentemente desesperadora que se torne sua situação mais tarde, este refrão – "Javé estava com José" – é repetido. O que se pretende dizer com este refrão repetido talvez seja que Javé estava com ele através dos sonhos, que José tinha a capacidade de permanecer em contato com sua vida interior desta maneira. Pois é um fato psicológico que fazer amigos com nossos sonhos também transforma o inconsciente num amigo e nos fornece um apoio psicológico e espiritual ao longo da nossa vida.

Em todas as culturas houve pessoas como José, que vivem próximas de seu mundo interior. Nas tribos primitivas da Ásia e das Américas do Norte e do Sul estas pessoas eram os xamãs, os curandeiros da comunidade. O xamã, como observamos em nossa análise do sonho que Jacó teve da escada que levava até o céu, era chamado à sua vocação de vidente e curandeiro por um tipo característico de sonho ou experiência visionária, que vinha acompanhado de uma aguda crise psicológica. Os sonhos e as visões continuavam sendo uma parte importante da vida do/a xamã; ele/a recebia desta maneira instrução dos espíritos e, através dos sonhos, mantinha um elo com o céu. Sem dúvida quase todas as pessoas primitivas se orientavam por seus sonhos e os levavam a sério, mas o/a xamã geralmente se distinguia pela frequência e vivacidade de sua vida interior. Ele/a pertencia à categoria de pessoas que William James chamou de caçador compassivo, em contraste com o caçador obstinado; não que ele/a seja uma pessoa mais fraca, porque geralmente era uma pessoa de personalidade extraordinária, mas era uma pessoa cuja consciência era rapidamente invadida por conteúdos vindos do inconsciente.

José era evidentemente uma pessoa deste tipo. Estas pessoas são chamadas a uma vocação religiosa. Pensa-se que o sentido radical da palavra "religioso" vem da palavra latina "religare", que significa "ligar/amarrar". A pessoa verdadeiramente religiosa é alguém que está ligado ao seu próprio processo interior, considera-o absolutamente inevitável e é chamado a pôr-se a seu serviço. Se uma pessoa é chamada a ser um porta-voz do mundo interior, ela é um curandeiro ou profeta e precisa obedecer ao seu chamado. Se alguém era chamado a ser um/a xamã, por exemplo, e tentasse recusar a vocação, ele/a cairia doente e morreria. Um/a xamã só poderia estar bem exercendo a função de xamã.

O homem que lutou com Deus

Em nosso tempo e em nossa cultura, infelizmente, nós não reconhecemos esta vocação. O/a xamã, cuja experiência era individual, visionária e curadora, foi substituído/a na religião pelo sacerdote ou ministro, que é chamado a ser o expoente de uma tradição e doutrina coletivizadas. O médico agora é um homem de ciência e já não funciona profissionalmente no papel do curandeiro carismático. Os sinais de que alguém é chamado a esta vocação interior de curandeiro são facilmente confundidos com sintomas de grave neurose ou até psicose – com efeito, é isto que eles se tornam se a vocação é recusada –, de modo que algumas pessoas que poderiam ser realmente chamadas a uma vocação religiosa de xamã ficam doentes, porque não entendem a verdadeira natureza daquilo que parece, a partir do exterior, ser apenas uma doença.

Os dois sonhos de José, que seus irmãos consideraram apenas realização de um desejo, podem ser entendidos como seu chamado a servir ao mundo interior. Psicologicamente eles mostram o ego e o si-mesmo, ou imagem-de-Deus na alma, numa justaposição criativa. Evidentemente, José ainda não é o tipo de pessoa psicologicamente desenvolvida que estes dois sonhos retratam. Alguns sonhos mostram situações reais, outros descrevem possibilidades. Estes sonhos estão dizendo: "este desenvolvimento psicológico é possível nesta pessoa". Mas José tinha um longo caminho a percorrer em seu desenvolvimento antes que esta possibilidade de grandeza possa concretizar-se nele. Neste momento ele apenas se identificou com a seme- lhança divina e se tornou insuportavelmente presunçoso. Seu egocentrismo e sua presunção precisam primeiramente ser expurgados através de um grande sofrimento, antes que ele possa cumprir o destino vaticinado por seus sonhos. Como um verdadeiro xamã, ele precisa primeiramente ser mutilado psicologicamente e morrer, e depois ser restaurado, a fim de estar pronto para sua vocação espiritual. O resto de nossa história se ocupará abundantemente com esta transformação ocorrida em José.

5 Nas profundezas

Depois de José contar aos irmãos seus dois sonhos, estes são enviados aos campos pelo pai a fim de cuidar dos rebanhos, mas José, por ser o favorito de seu pai, permanece em casa. Depois Jacó fica ansioso por saber como estão indo as coisas com os irmãos e envia José para encontrar-se com eles e trazer informações. José fica contente por ir. Talvez pense que é outra oportunidade de trazer ao pai um relatório desfavorável sobre os irmãos. Sua ingênua presteza em ir mostra como ele é inconsciente; desconhece completamente que está se expondo a algum perigo.

Enquanto procura seus irmãos no campo, José cruza com um estranho que lhe pergunta: "O que estás procurando?" A pergunta é fatal. José devia estar procurando o sentido de seus sonhos, mas ele ainda não compreende nenhum deles. Ele responde: "Estou procurando meus irmãos. Dize-me, por favor, onde eles estão apascentando seu rebanho" (Gn 37,15-16). É por não estar procurando a coisa certa que ele se mete em apuros.

Na Bíblia, quando um homem desconhecido aparece desta maneira, pode ser confundido com um anjo; muitas vezes anjos, que são mensageiros enviados por Deus, apareciam tão semelhantes a seres humanos que eram confundidos com homens. Um exemplo destes encontra-se, por exemplo, no diálogo de Abraão com os três anjos de Javé, que ele à primeira vista pensou serem homens comuns e os acolheu em sua casa (Gn 18,1-15). O desconhecimento da identidade do homem por parte de José e sua falta de percepção do sentido da pergunta fatal mostram que ele ainda não está preparado para assumir o chamado divino que seus sonhos prenunciaram. Se este homem era um anjo e José tivesse entabulado um diálogo com ele, talvez teriam sido evitados os catastróficos acontecimentos que logo se seguiriam.

Quando algo está para nos acontecer a partir do interior, o Espírito procura todos os meios possíveis para nos ajudar a captar a mensagem. Mas, se deixamos escapar a mensagem, ou seja, se não conseguimos reconhecer o anjo e falar com ele, cabe muitas vezes a outros acontecimentos a tarefa forçar-nos a chegar a uma consciência maior. Suponhamos, por exemplo, que estamos em rota de colisão com nossa própria verdade e realidade, que nossa atitude consciente está errada e que estamos sendo confrontados a partir de dentro com o inconsciente que a ela se opõe. A situação é propícia a um acidente. Se pudéssemos ouvir a voz interior e chegar a um acordo com a força opositora dentro de nós que quer interromper a direção errada que estamos tomando, isto seria muito mais fácil do que deixar que o acidente nos aconteça no exterior, na forma talvez de um grave acidente ou de alguma outra catástrofe. Mas José é demasiadamente inconsciente e egocêntrico para estar pronto para esse diálogo e, por isso, o homem responde simplesmente: "Eles partiram daqui. Com efeito, eu os ouvi dizer: 'Vamos para Dotain'" (Gn 37,17).

O homem que lutou com Deus

José segue as indicações dadas pelo estranho e encontra os irmãos. Eles o veem vindo lá longe e imediatamente começam a tramar contra ele. O ingênuo jovem José não tem consciência do perigo que provém do ódio que ele despertou nos irmãos. Ele ainda se imagina no círculo encantado da afeição de se pai e, com sua opinião divinizada de si mesmo, caminha cegamente em direção ao desastre. Os irmãos, evidentemente, há muito tempo se haviam deixado consumir por abomináveis fantasias de destruir José e ficam contentes ao ver que ele vinha cair em suas mãos. Desdenhosamente declaram: "Aí vem o homem dos sonhos. Vamos matá-lo e jogá-lo em alguma cisterna; podemos dizer que um animal feroz o devorou. Então veremos o que acontecerá com seus sonhos" (Gn 37,19-20). A última frase sugere novamente seu medo de José, medo de que seus sonhos possam, afinal, ter um toque de verdade.

Felizmente, um dos irmãos é movido por outro sentimento. Rúben, o primogênito de Lia, enxerga a natureza terrível do ato que os irmãos estão planejando. Ele reconhece que, no atual estado de espírito, não existe nenhuma possibilidade de dissuadi-los da vingança contra José e, por isso, propõe que, em vez de matá-lo imediatamente, o lancem numa cisterna seca próxima, esperando que isso lhe dará tempo para arquitetar um plano de libertar José mais tarde. Os irmãos concordam e, quando José chega, agarram-no brutalmente, despem-no da odiada túnica multicolorida[10] que seu pai fizera para ele e o lançam no buraco vazio.

Enquanto os irmãos estão comendo, sem dúvida divertindo-se enquanto José, aterrorizado, implora misericórdia, chega

---

10. Ou túnica de mangas compridas, a formulação preferida, mas menos poética, dos tradutores modernos.

um grupo de comerciantes ismaelitas a caminho do Egito. Judá subitamente tem uma ideia. Ele raciocina: "De que nos aproveita matar nosso irmão e encobrir o seu sangue? Vamos vendê-lo aos ismaelitas, mas não lhe causemos nenhum dano. Afinal, ele é nosso irmão e nossa carne" (Gn 37,26-27).

O plano de Judá é aceito, mas não por alguma simpatia por José nem por um sentimento de compaixão por ele ser seu irmão. O que os fez mudar de ideia não foi a compaixão, mas o medo das consequências de derramar o sangue de um parente, porque naquele tempo pensava-se que o sangue de um homem assassinado clamava do túmulo por vingança. Foi por isso que Judá falou em "encobrir seu sangue". O sangue de um homem assassinado precisa ser enterrado para que o céu não descubra o crime e se vingue. Além disso, desta maneira receberiam dinheiro por José; e, afinal, tê-lo como escravo no Egito era tão bom como matá-lo. Ninguém esperava que escravos no Egito vivessem por muito tempo.

Assim José é vendido aos ismaelitas como escravo. Rúben não estava ali quando tudo isso aconteceu e, ao retornar e descobrir que José desapareceu, fica perturbado. Grita angustiado: "O que farei?" Talvez Rúben esteja tentando poupar ao pai a dor de perder José. Os outros irmãos também estão preocupados com o pai. O que lhe dirão? Como explicarão o desaparecimento de José? É preciso inventar uma mentira para encobrir seu malfeito e, por isso, decidem tomar a túnica de José, tingi-la com o sangue de um bode morto e mostrá-la ao pai, para levá-lo a acreditar que José foi aparentemente morto por um animal selvagem. Jacó fica angustiado quando lhe mostram a túnica ensanguentada de seu filho favorito. Rasga suas vestes, veste um hábito fúnebre e inicia um longo período de luto. Os filhos

O homem que lutou com Deus

tentam confortar o pai; afinal, eles o amam e a angústia dele desperta as fúrias da culpa em sua mente. Mas ele recusa ser consolado, declarando: "Não! De luto descerei ao Xeol para junto de meu filho" (Gn 37,35).

Os irmãos carregam agora um pesado fardo de culpa, que os afeta durante os anos que se estendem desde o momento do desaparecimento de José rumo ao Egito até o momento em que se reúnem com ele no final de nossa história. Eles poderiam empurrar sua culpa para o inconsciente, mas com isso ela não seria resolvida. Ela formava um complexo em seu interior que aflorou posteriormente em sua vida e, como veremos, se tornou o ponto focal, muitos anos mais tarde, de seu próprio desenvolvimento psicológico.

Há um hiato no relato bíblico entre o momento em que José é vendido aos ismaelitas e o momento em que ele aparece como escravo no Egito. Existe também um acentuado contraste entre o jovem arrogante que provocou seus irmãos a cometer seu ato horrível e o jovem responsável e humilde que encontramos no Egito. Evidentemente a experiência de José foi extremamente transformadora para ele. Precisaremos reconstruir com nossa imaginação o que ele experimentou a fim de entender esta transformação.

Primeiramente, quando chegou ao acampamento de seus irmãos, José se sentia seguro como favorito do pai. Depois foi agarrado repentinamente, despido de suas vestes e jogado no poço. Aqui ele deve ter tremido de medo ao ouvir os irmãos zombando dele e tramando sua morte. Implorou misericórdia, mas seus pedidos foram ignorados. Deve ter ficado muito pouco aliviado quando Judá propôs seu plano de vendê-lo como escravo ao Egito em vez de assassiná-lo imediatamente, pois o faraó estava envolvido em projetos massivos de construção, envolvendo milhares de escravos que trabalhavam em condições insuportáveis, arrastando gigantescos blocos de pedra para o lugar destinado, sob o escaldante sol do deserto. Esses escravos não poderiam durar mais do que uns poucos anos; e sua sorte era tão terrível que muitas vezes devem ter almejado a morte que os aguardava. Por isso, quando José foi acorrentado e levado com os comerciantes para longe de casa, para nunca mais (assim pensava) ver novamente seu pai, enfrentando apenas tortura e trabalho angustiante, isto foi para ele como que uma experiência de morte. Nesta horripilante jornada para o Egito o jovem José morreu. Kunkel mostra que para cada forma de egocentrismo existe um "menos 100", uma situação que é a pior situação que poderia acontecer. Para José, uma pessoa arrogante que precisava ser o centro de atenção e admiração, sua experiência como escravo foi esse "menos 100". Em vez de ser admirado, foi desprezado; em vez de ser uma estrela, ele era um zé-ninguém; nesta experiência suas pretensões de ser semelhante a um deus foram destruídas e seu egocentrismo de Estrela chegou ao ponto zero e despareceu. Esta é a experiência que Kunkel chamou de "crise do ego" e a única maneira de suportá-la é enfrentar a escuridão e suportar a dor. Então nosso egocentrismo é expurgado no fogo do sofrimento, e talvez por isso Mestre Eckhart declarou certa vez que o sofrimento era o corcel mais rápido para levar-nos à perfeição.

A jornada de José para o Egito foi análoga ao exílio de Jacó no deserto e, como veremos, à fuga de Moisés para Madiã. Para pessoas que são chamadas a um grande desenvolvimento interior e consciência de Deus, é típica esta "travessia noturna do mar", uma experiência de depressão e desespero que dilacera o ego.

O homem que lutou com Deus 85

As experiências de José, de Jacó e de Moisés são semelhantes porque são arquetípicas. Com efeito, se eles estivessem menos apegados ao seu egocentrismo, suas experiências poderiam ter sido menos terríveis. Talvez alguns de nós precisemos experimentar apenas uma depressão benigna ou uma angústia difícil, não uma experiência totalmente aniquiladora como aquela pela qual José teve que passar. Mas para José era uma necessidade. Seu egocentrismo era tão grande e foi necessário um remédio amargo como este para curá-lo.

Evidentemente, este remédio podia também tê-lo matado. Se José tivesse persistido em seu egocentrismo, se tivesse consentido em definhar na autocomiseração ou no desespero, se tivesse abandonado a Deus ou buscado o suicídio, sua terrível jornada poderia ter sido um veneno em vez de um remédio. É isso que acontece quando somos confrontados por aquilo que pode ser chamado de lado sombrio de Deus. O lado sombrio de Deus corresponde àquilo que a Bíblia chama de cólera de Deus. É sombrio porque destrói em nós tudo aquilo que não é digno de existir. É o lado terrível da criatividade de Deus, que procura criar em nós a pessoa inteira e erradica aquilo que em nós se opõe a isto, por meios violentos se necessário. Assim este lado sombrio de Deus é ao mesmo tempo um veneno que nos destrói e um remédio que nos cura. O que ele será depende da maneira como respondemos a ele. José evidentemente respondeu de maneira criativa. Deve ter visto, naquela jornada solitária para a escravidão, o quão presunçoso ele havia sido e como sua arrogância resultou nisto.

Após muitos dias de viagem, os comerciantes chegaram com José ao Egito e o jovem foi levado a um leilão para ser vendido. Um jovem sadio como ele geralmente teria sido aproveitado para o trabalho escravo, e sua morte iminente seria uma certeza. Mas parece que no último momento José foi arrebatado ao destino de morrer como escravo num dos projetos extenuantes do Faraó. Um certo capitão do exército do Faraó, chamado Putifar, foi ao mercado de escravos no dia em que José estava para ser vendido. Algo no comportamento de José, talvez a inteligência que o jovem obviamente possuía, impressionou Putifar. Ele decidiu comprar José para ajudá-lo a administrar sua casa. Era coisa rara, mas acontecia que alguns dos escravos mais inteligentes e promissores eram usados desta maneira por pessoas ricas. A sorte deles era relativamente afortunada. Embora continuassem sendo escravos por toda a vida, podiam levar uma existência confortável; a vida era possível para eles.

Assim José é levado para a casa de Putifar e mostra-se uma pessoa tão capaz que logo é encarregado da administração de toda a casa. Aqui podemos ver que grande parte do egocentrismo de José desapareceu. Sua arrogância foi removida durante a jornada para o Egito e o jovem José é profundamente grato pela virada positiva em seu destino que o levou até Putifar. José expressa sua gratidão a Putifar cumprindo sua tarefa da melhor maneira possível e mostra ser um homem de notáveis capacidades, que seu patrão logo chega a apreciar e recompensar.

Nosso relato nos diz: "Javé estava com José e tudo lhe corria bem. Morou na casa de seu senhor egípcio e, quando seu senhor viu como Javé estava com ele e como Javé fazia prosperar todas as suas iniciativas, ficou satisfeito com José e fez dele seu assistente pessoal; e seu senhor o pôs como administrador de sua casa, confiando-lhe tudo o que tinha. E desde o momento em que lhe confiou a administração de sua casa e de todas as suas posses, Javé abençoou a casa do egípcio em consideração

O homem que lutou com Deus

a José; a bênção de Javé estendeu-se a todas as suas posses, tanto em casa quanto nos campos. Por isso, entregou a José a administração de todas as suas posses e, tendo-o à disposição, não se preocupava com mais nada, a não ser com o alimento que comia" (Gn 39,2-6).

Já sugeri que a expressão "Javé estava com José" significa, no nível psicológico, que ele estava recebendo apoio positivo do inconsciente e orientação salutar de seus sonhos. Isto acontece quando a consciência tem a atitude correta. Recebemos de volta, do nosso mundo interior, um reflexo do olhar que lhe dirigimos. Se José tivesse permanecido aprisionado em seu egocentrismo ou tivesse caído no mau humor ou na autocomiseração, a face interior do inconsciente teria sido hostil a ele e Javé poderia não ter estado com ele. Mas a atitude de José é correta e, por isso, ele recebe apoio do interior.

Mas, no momento em que a sorte de José começa a melhorar, surge uma nova catástrofe, mais cruel de que a ocorrida quando seus irmãos o venderam como escravo. Na primeira vez, José era culpado por seus apuros; desta vez ele não merece o que lhe aconteceu. Esta parte da história começa com um raro bocadinho de descrição física[11]: "Ora, José tinha um belo porte e era bonito. E aconteceu, algum tempo depois, que a mulher de seu senhor olhou para ele com desejo e disse: 'Dorme comigo'" (Gn 39,6-7). Mas José a rejeita. Apresenta como motivo sua lealdade a Putifar: "Por causa de mim, meu senhor não se preocupa com o que acontece na casa; ele me confiou todas as suas posses. Nesta casa ele não é mais senhor do que eu. Ele não me privou

---

11. Só ocasionalmente a Bíblia fornece alguma descrição física das pessoas. Temos uma breve descrição do jovem Davi e de Saul em 1Samuel, mas são exemplos raros.

de nada a não ser de ti, porque és sua esposa. Como posso fazer uma coisa tão perversa e pecar contra Deus?" A esposa de Putifar insiste, mas José não se deixa dissuadir: "Embora ela insistisse com ele todos os dias, José não concordou em dormir a seu lado e entregar-se a ela" (Gn 39,8-10).

Mas para infelicidade de José, existe alguma verdade na afirmação: "O inferno não conhece fúria igual à de uma mulher desprezada"[12]. A esposa de Putifar não está interessada na nobreza dos motivos de José para recusar-se a ter relações sexuais. Ela só a entende como uma rejeição humilhante e quer destruir José por vingança. Certo dia, quando ninguém estava por perto a não ser José, a esposa de Putifar pediu-lhe mais uma vez que dormisse com ela. José recusou-se novamente e ela ficou tão violenta que ele fugiu, mas antes ela conseguiu arrancar-lhe o manto. Quando Putifar voltou, sua esposa disse: "O escravo hebreu que nos trouxeste veio insultar-me. Mas, quando levantei a voz e gritei, ele deixou sua roupa a meu lado e fugiu" (Gn 39,17-18). Putifar fica furioso e, sem perguntar a José para conhecer sua versão da história, mandou seus soldados buscá-lo. José foi agarrado e, sem chance de defender-se, é banido para uma das masmorras do Faraó.

As coisas não são boas para José, mas também não são boas para a esposa de Putifar. Ela é mostrada sob uma luz extremamente negativa, retratada como uma mulher lasciva e má, que não hesita em destruir um homem que recusa suas investidas egoístas. Quanto eu saiba, ninguém nunca falou em defesa da esposa de Putifar. Tendo em vista a premissa de que todos têm direito a um advogado de defesa, proponho-me

---

12. William Congreve (1670-1729), extraído de "The Mourning Bride". Ato III, seção 8.

apresentar uma defesa dela e de suas ações. Ao fazê-lo, espero lançar um pouco mais de luz sobre José e o sentido do que lhe aconteceu. Já que agora estou assumindo o papel de advogado de defesa, posso tomar certas liberdades, enfatizando as partes da história que a favoreçem e ignorando outras.

Em primeiro lugar, consideremos o marido desta mulher, Putifar. Sendo ele um oficial do exército, podemos imaginar que muitas vezes ela era deixada sozinha. Podemos também suspeitar que ele não se preocupava muito com ela, já que não deu a menor importância ao fato de deixá-la na presença de outro homem. Sua esposa é uma mulher negligenciada. Diz-se que Putifar "não se preocupava com mais nada, a não ser com o alimento que comia". Que tipo de homem seria ele, que não se preocupava com mais nada, a não ser com o alimento que comia? Enfadonho, naturalmente, e provavelmente um homem que deixou seu corpo deteriorar-se. Putifar deve ter sido obeso e de condição física precária. Como já foi mencionado, a Bíblia nos diz que José tinha um belo porte e era bonito. Era também inteligente e um homem de grande força psicológica e habilidade. A abandonada esposa de Putifar era suficientemente mulher para reconhecer tudo isto. Era suficientemente uma mulher real para desejar um homem tão imponente como José.

José era também um homem que possuía o que poderíamos chamar de complexo materno positivo. Isto significa que sua relação de infância com sua mãe foi positiva, afetuosa e nutritiva e seus laços com ela devem ter sido estreitos. Um homem destes muitas vezes tem uma grande capacidade inata de relacionar-se afetuosamente com as mulheres, mas também tem medo deste relacionamento. É como se ele estivesse tão próximo ao feminino a ponto de sentir a necessidade de distanciar-se dele a fim de manter sua postura masculina. Mulheres perceptivas podem sentir isto num homem. Dificilmente podem tolerar que um homem com esta capacidade de amor e intimidade não se relacione com uma mulher. Especialmente algumas mulheres que na vida são solicitadas a relacionar-se com o *eros* de um homem e a evocá-lo, aquelas que os gregos chamam de "hetaira"[13], consideram um homem como José um desafio que dificilmente podem deixar escapar. Era quase inevitável que, quando ele a rejeitou com um belo discurso sobre a lealdade, a esposa de Putifar ficasse furiosa.

E mais: mesmo admitindo tudo isto, pode-se imputar-lhe que ela não tinha direito de trair José e provocar sua prisão. Essa falta de compaixão para com José mostra certamente que ela nunca o amou, mas apenas o queria para si.

Num nível puramente humano tudo isso seria verdade, evidentemente; mas, atuando como seu advogado de defesa, pode-se argumentar que a esposa de Putifar não estava agindo agora unicamente por si mesma, mas por ordem da deusa Afrodite. Isto exige alguma explicação.

Na psicologia junguiana falamos dos arquétipos[14], os padrões existentes *a priori* na psique humana, que evocam e moldam padrões típicos de energia. Os arquétipos foram projetados em nossas mitologias, onde podemos vê-los personificados como deuses e deusas. A representação mitológica mais completa dos arquétipos se encontra na mitologia grega. Um dos arquétipos

---

13. As *hetairai*, na Grécia clássica, eram mulheres educadas como os homens, de modo que podiam ser companheiras dos homens. O analista de Zurique Toni Wolff disse que o tipo *hetaira* de mulher era um dos quatro tipos femininos básicos. Cf. meu livro *The Invisible Partners*, p. 103-104.
14. Para mais explicações sobre os arquétipos cf. o Apêndice.

O homem que lutou com Deus

mais importantes tem a ver com questões de amor, atividade sexual e relação. Na mitologia grega este arquétipo é personificado na deusa Afrodite.

A incumbência de Afrodite consistia em reunir numa bela e fecunda união todas as criaturas viventes. Ela o fazia mediante uma força e um fascínio tão grandes que nenhum homem nem mulher, nem animal nem deus (com poucas exceções) conseguia resistir-lhe. Ela inspirava em homens e mulheres anseio, desejo e amor. Seu poderoso fascínio amoroso podia levar um ser humano a abandonar todas as suas obrigações e ficar perdido no belo êxtase da fusão na unidade. Sua força era uma força de atração que reunia os sexos, que fazia as flores desabrocharem, que tornava bela a terra.

Mas Afrodite tinha um lado sombrio e não apenas um lado belo e podia provocar discórdia, confusão e até destruição. Este lado sombrio era agrupado numa constelação se ela fosse rejeitada. Os gregos entendiam que todas as deusas deviam ser servidas e, se alguma deusa fosse negligenciada, ela podia vingar-se da pessoa ofensora. Isto acontecia especialmente com Afrodite: se fosse ignorada e não recebesse o que lhe era devido, sua vingança podia ser rápida e terrível. Isto aconteceu com o jovem Hipólito. Ele era um grande devoto da deusa Ártemis e, em sua devoção a ela, ignorou Afrodite. Afrodite não tinha nada contra a devoção dele à sua deusa irmã Ártemis, mas ficou furiosa porque Hipólito a ignorou completamente. Por isso ela tramou sua vingança. Certo dia, quando Hipólito estava dirigindo sua carruagem, ela assumiu a forma de um monstro terrível e apareceu na sua frente. Os cavalos foram tomados de pânico. Escaparam ao controle de Hipólito, a carruagem espatifou-se e o jovem morreu.

Em nossa era "ilustrada" nós supomos que hoje os deuses e deusas estão mortos, mas na realidade eles continuam existindo dentro de nós como arquétipos. O comportamento de Afrodite nos lembra que negligenciar qualquer arquétipo dentro de nós é transformá-lo num inimigo. Todos os lados da vida precisam ser honrados em nossa vida; negar qualquer lado é experimentá-lo negativamente. Esta é uma lei da natureza e da psique.

José ignorou esse lado de sua natureza exemplificado por Afrodite. Note-se que até agora em nossa história não ouvimos nenhuma menção a qualquer mulher na vida dele. Apesar de toda a sua nobreza, o desenvolvimento de José foi unilateralmente masculino e seu rico lado feminino foi negado. Isto aparece na fala de José em resposta à esposa de Putifar. É uma fala primorosa, mas inteiramente apolínea. Apolo era o deus da razão, da ordem e da harmonia. José está confortável com o arquétipo representado pelo deus masculino Apolo e sua fala é racional e masculina e "correta". Mas é uma ofensa ao feminino, porque não mostra relação com esta mulher concreta que está na sua frente.

Essa fala ofendeu Afrodite. Para ela foi a gota d'água. Foi ela que fez o coração da esposa de Putifar voltar-se para a vingança. Assim era sobre Afrodite que deveria recair a culpa pelo que aconteceu a José e a esposa de Putifar foi o instrumento para ela cumprir seu objetivo.

O que podia José ter feito se estivesse mais em contato com o feminino existente em seu interior? Teria dormido com a esposa de Putifar e pecado contra Putifar e talvez contra o próprio Javé? Não havia necessidade disso. José tinha um expediente simples à sua disposição: podia simplesmente ter falado com a mulher. Com efeito, sem percebê-lo plenamente, era isto o que a esposa de Putifar queria desde o início: ficar perto deste

O homem que lutou com Deus

homem e de sua alma. Se José tivesse sentado ao lado dela por algum tempo, falado com ela francamente e pessoalmente, compartilhado uns momentos com ela e deixado de lado sua fala refinada e pomposa, tudo teria corrido bem. A mulher podia ainda ter ficado decepcionada, mas não se tornaria vingativa. Porque Afrodite não exige expressão sexual como tal, mas amor intimidade, partilha e relação.

Como já foi dito, quando a esposa de Putifar lhe conta sua história acerca de José, este fica furioso e confina José na masmorra. Novamente a sorte de José está no ponto mais baixo. O que lhe aconteceu agora é pior do que sua experiência anterior. Quando anteriormente ele foi vendido como escravo havia pelo menos alguma esperança de que poderia terminar numa posição melhor, como de fato aconteceu. Mas na masmorra do Faraó sua situação era quase desesperada. Sendo escravo, ele não tem direitos; não pode esperar um julgamento. O melhor que ele pode esperar é ser esquecido, mas ser esquecido significava viver para sempre no escuro horror da masmorra do Faraó. A primeira vez que ele sofreu, quando foi vendido como escravo, ele mereceu sua sina. Sua atitude egocêntrica estava pedindo por isso e havia certa justiça no tratamento que Deus lhe aplicou. Desta vez a falta de José não foi seu egocentrismo, mas sua inconsciência. Ele não tinha consciência de seu lado feminino e das exigências da deusa do amor dentro dele. Ele agiu com a melhor das intenções, mas a natureza não nos perdoa os nossos erros por sermos ignorantes e também a psique não nos perdoa quando conscientemente ou inconscientemente a negamos.

Nestas circunstâncias não seria nenhuma surpresa se José tivesse abandonado sua fé e rejeitado sua relação com Javé. Quem poderia tê-lo julgado se isto tivesse ocorrido? E sem dúvida aconteceu assim por algum tempo, mas as coisas não permaneceram assim; ao invés, somos informados mais uma vez que "Javé estava com José". Então, surpreendentemente, somos informados que em pouco tempo a capacidade e integridade de José foram reconhecidas pelo diretor da masmorra e ele foi elevado a uma posição de certa autoridade, trabalhando como assistente administrativo do diretor. Quanto a Putifar, ele esqueceu José completamente, o que, nas circunstâncias, também foi bom.

Houve diversas qualidades desenvolvidas por José que lhe possibilitaram superar as circunstâncias depressivas em que se encontrava. Uma delas foi seu hábito de aceitar as coisas e tirar o melhor partido de tudo. Algumas pessoas se sentem acima das coisas inferiores da vida e, se a vida as força a uma posição subordinada, elas se sentem humilhadas. Seu *status* inferior é uma ameaça tão grande ao seu egocentrismo que elas só conseguem defender-se recusando-se a trabalhar duro na tarefa que a vida lhes oferece. "Eu estou acima disso", dizem com um desdém arrogante; ou de forma igualmente egocêntrica: "Ah! Eu não mereço isso". Mas José se entregava sinceramente a toda tarefa que lhe aparecia em seu caminho. Enquanto escravo na casa de Putifar, deu-lhe o melhor que tinha; agora, prisioneiro numa masmorra, ainda procurou realizar o máximo que podia. Com esta atitude, as circunstâncias melhoram. Quando fazemos o melhor trabalho possível em nossa presente situação, não importando quão modesta ou desagradável ela seja, a vida dá um jeito de trazer-nos uma situação melhor.

Em segundo lugar, foi auspicioso para José o fato de ele ser um homem realista, não um idealista. Um idealista teria ficado tão desiludido com a guinada negativa dos acontecimentos que teria aflorado o outro lado de seu idealismo – o cinismo. O idealista e o cínico são um par de opostos: vire um de cabeça para baixo e você terá o outro. Se José tivesse sido um homem assim, isso teria sido o fim dele e certamente o fim de sua fé em Deus. Mas José não esperava que Deus fosse o avalista da supremacia da bondade, nem via sua relação com Deus como uma espécie de barganha na qual Deus o protegeria do mal em troca de seu culto fiel. Se fosse esse o caso, ele certamente teria sucumbido ao "Por que Deus permitiu que isto me acontecesse?", atitude que é característica de tantos dentre nós, cuja atitude religiosa não amadureceu. Mas José não via Deus como um avalista de bondade e proteção, mas como uma fonte de orientação no meio de quaisquer circunstâncias que a vida pudesse trazer.

Talvez por causa desta atitude religiosa sadia, José não se abateu neste último recurso do egocentrismo – a autocomiseração. Nada teria sido mais fácil para José do que ter chafurdado em sentimentos de ter pena de si mesmo. "O que fiz para merecer isto? Como a vida me atormentou! Como Deus me decepcionou!" Talvez de início foi assim que ele sentiu, mas José acabou permanecendo firme em seu próprio Centro interior e, sem dúvida, aguardou sinais de esperança em seus sonhos.

Pois existe um Centro psicológico em nós, um ponto onde nossas personalidades se conectam com Deus. Se pudermos relacionar-nos com este Centro interior, nos encontraremos envolvidos num círculo psicologicamente e espiritualmente protetor e fortificante e nossa integridade interior é preservada até mesmo no meio da adversidade extrema. José havia encontrado este Centro. Quando seu egocentrismo foi removido na jornada para o Egito, ele encontrou seu Centro e começou a viver a partir dele. Em todas as coisas ele buscava a Vontade do Céu e procurava, em suas ações e suas atitudes, pôr-se de acordo com ela. Continuou a seguir seus sonhos e buscava neles a orientação de Javé e, já que somos informados que "Javé estava com ele", podemos presumir que seus sonhos lhe eram úteis. Ele deve também ter recorrido àquela forma criativa de oração que não busca manipular a vida, mas tenta relacionar o ego com o Centro. Tudo isto deu força a José. Ele não se desintegrou na masmorra do Faraó; não ficou amargo, cínico ou entregue à autocomiseração. Com esta atitude era apenas uma questão de tempo para ele tornar-se tão livre exteriormente como era livre interiormente.

6   A reviravolta

Foi a capacidade de José de interpretar os sonhos que trouxe a reviravolta em sua sorte. Dois dos antigos oficiais do Faraó, o chefe dos copeiros e o chefe dos padeiros, são jogados na masmorra junto com José. Certo dia José observa que eles estão deprimidos e pergunta: "Por que estais hoje com o rosto triste?" (Gn 40,7). É interessante que José se preocupava com o bem-estar deles. O incidente sugere que José trazia em si algo de curandeiro, uma qualidade que acompanha o tipo xamanístico de personalidade que descrevemos acima.

Por falar nisso, esta é uma coisa rara no Antigo Testamento, no qual o curandeiro está quase totalmente ausente. Os profetas do Antigo Testamento são primariamente pessoas que proclamam a palavra de Javé relativa a situações sociais, políticas e religiosas e não curandeiros xamanísticos. Sua palavra se dirige à cura da nação e não à do indivíduo. Os antigos hebreus eram um dos poucos povos primitivos sem curandeiros a desempenhar um papel importante em sua comunidade. Em parte, esta falta de um curandeiro provém da ideia da relação de Deus com a doença. Na mente dos antigos hebreus, tudo vinha de Deus: bem ou mal, saúde ou doença. Se uma pessoa ficava doente, era Deus que enviava a doença, provavelmente por causa da infidelidade da pessoa para com ele. Seja qual for a razão, Deus, que envia a doença, deve também ser aquele que a alivia. Portanto o médico era ilegítimo; pior ainda, ao tentar remover uma doença enviada por Deus, ele poderia estar indo contra a Vontade de Deus. Além disso, a falta de cura no Antigo Testamento poderia resultar da relativa falta de um elemento feminino na imagem de Deus. Javé é predominantemente uma divindade masculina e a cura não ocorre sem o elemento feminino. No Novo Testamento, o elemento feminino reentra através de Maria, a mãe de Jesus, que a Igreja posteriormente chamou de "Theotokos", a portadora de Deus. Temos aqui, portanto, uma ênfase na cura, ênfase que falta no Antigo Testamento[15]. No entanto, como observamos, José está próximo de seu lado feminino. Seu interesse pelo bem-estar do copeiro e do padeiro faz parte da mesma capacidade diferenciada de relação que o levou a ser leal a Putifar. Desta vez esta capacidade tem resultados diferentes e o leva, finalmente, a ser libertado da prisão.

O copeiro e o padeiro explicam a José que cada um deles teve um sonho. Os sonhos eram considerados importantes no antigo Egito como também na Babilônia e entre aos antigos hebreus; e o copeiro e o padeiro esperam extrair de seus sonhos uma orientação que os ajude em sua presente crise. Naturalmente estão perturbados; tiveram os sonhos, mas não conseguem encontrar ninguém que os ajude a compreendê-los.

---

15. Evidentemente, temos algumas histórias de cura no Antigo Testamento. Elias, por exemplo, devolve a vida ao filho de uma viúva (1Rs 17,17-24) e Eliseu cura o sírio Naamã (2Rs 5,1-27). Mas estas são exceções raras. Cf. o primoroso tratamento no livro de Morton Kelsey: *Healing and Christianity*. Harper and Row, 1973.

Mas, naturalmente, os sonhos são bem do gosto de José. Ele pergunta: "Por acaso não cabem a Deus as interpretações? Contai-me" (Gn 40,8).

Nada pode ser mais estranho à mente de um sacerdote ou ministro típicos de nosso tempo do que a ideia de que a interpretação dos sonhos cabe a Deus e, portanto, ela é assunto de seus ministros comissionados. Em consequência, muitos de nós ainda estamos confinados numa prisão psicológica, incapazes de sair porque não conseguimos compreender a Palavra de Deus. Não precisamos de uma masmorra física, porque podemos estar confinados na masmorra de nossos próprios egos, cercados por nosso materialismo, racionalismo e egocentrismo. Alguns dos jovens de hoje parecem tentar escapar de suas prisões psíquicas através do uso de drogas. Isso é um sintoma de nossa perda de contato com nossa própria alma, uma perda que é em parte resultado da nossa incapacidade atual de compreender os nossos sonhos.

O copeiro e o padeiro ficam encantados ao saber que José é perito nestas matérias e o copeiro é o primeiro a aventurar-se a contar seu sonho. Relata ele: "Em meu sonho, vi uma videira diante de mim. Na videira havia três ramos; logo que deu brotos ela floresceu e seus cachos se tornaram uvas maduras. Eu tinha a taça do Faraó na mão; colhi as uvas e as espremi na taça do Faraó e pus a taça na mão do Faraó" (Gn 40,9-11).

Sem dúvida José ficou contente por poder dar ao copeiro uma interpretação favorável: dentro de três dias, disse ele ao ansioso copeiro, ele seria libertado da prisão e reintegrado em seu lugar na corte do Faraó. Em troca de sua ajuda no caso do sonho, José pede apenas que ele se lembrasse dele quando fosse libertado e falasse favoravelmente ao Faraó acerca de sua situação.

O padeiro, que estava ouvindo atentamente o que José dizia ao copeiro e ouviu a resposta favorável, aventura-se agora a contar o seu sonho. Disse ele: "Eu também tive um sonho: havia três bandejas de bolos sobre minha cabeça. Na bandeja do topo havia todo tipo de bolos favoritos do Faraó, mas os pássaros os comiam da bandeja que estava sobre minha cabeça" (Gn 40,16-17). Mas, infelizmente para o padeiro, José é obrigado a interpretar seu sonho desfavoravelmente. Dentro de três dias, diz José, o Faraó irá enforcá-lo e as aves comerão sua carne.

Pode parecer apenas um acaso que o sonho do copeiro fosse favorável e o sonho do padeiro fosse desfavorável, mas a chave para isto está nas diferentes atitudes dos dois para com o inconsciente. Notemos que o copeiro estava disposto a arriscar-se com seu sonho, não sabendo qual seria a interpretação, enquanto o padeiro esperou até sentir-se seguro de que o resultado lhe seria favorável; ele só se dispôs a arriscar-se com o inconsciente se este se ajustasse aos seus propósitos. Por ter tido a atitude errada para com as coisas do Espírito, o inconsciente se voltou contra ele, como seu sonho mostrou.

Poderíamos pensar que o copeiro seria tão grato a José que, imediatamente após sua libertação da prisão, iria defender o caso dele diante do Faraó; mas, logo que foi libertado da masmorra e mais uma vez a vida lhe era favorável, esqueceu-se completamente de seu benfeitor. Quando estamos doentes, em situação desesperadora, ou em algum tipo de crise, estamos muitas vezes abertos a receber ajuda e a adotar uma nova atitude; mas, quando a vida retoma seu curso normal, existe uma tendência a desejar esquecer o aborrecimento anterior. Assim o copeiro esqueceu-se de José, o padeiro foi executado e José continuou a definhar na prisão.

O homem que lutou com Deus

Mais tarde, dois anos após o copeiro voltar para a corte do Faraó, o próprio Faraó teve um sonho marcante. Em seu sonho ele "estava de pé junto ao Nilo e ali, surgindo do Nilo, estavam sete vacas, lustrosas e gordas, e elas começaram a pastar no meio dos juncos. E outras sete vacas, feias e magras, surgiram do Nilo depois delas e se alinharam ao lado das outras vacas na beira do Nilo. As vacas feias e magras devoraram as sete vacas lustrosas e gordas". O Faraó acordou, anotou o sonho e depois dormiu novamente e sonhou uma segunda vez: "Ali, brotando do mesmo caule, estavam sete espigas de trigo graúdas e maduras. E, brotando depois delas, vieram sete espigas de trigo, chochas e ressequidas pelo vento leste. As espigas de trigo mirradas devoraram as sete espigas graúdas e maduras" (Gn 41,1-7). Então o Faraó acordou, cheio de preocupação e angústia a respeito destas duas marcantes experiências noturnas.

Os dois sonhos são quase idênticos. Sempre é particularmente importante compreender tais sonhos repetidos. É como se o inconsciente estivesse insistindo em algum ponto ou mensagem especial. O Faraó percebeu que algo extraordinariamente importante lhe estava sendo dito nestes sonhos e convocou seus magos e sábios para interpretá-los, mas eles não puderam dar-lhe nenhuma ajuda. Então o copeiro lembrou-se de José. Disse ao Faraó: "Hoje devo recordar minhas faltas. O Faraó se irritara contra seus servos e mandara prender a mim e o padeiro-mor na casa do comandante dos guardas. Tivemos um sonho, ele e eu, na mesma noite, e os sonhos tinha um sentido diferente para cada um de nós. Havia conosco um jovem hebreu, um dos escravos pertencentes ao comandante dos guardas. Nós lhe contamos os nossos sonhos e ele os interpretou, dando a cada um de nós a interpretação de seu sonho. E aconteceu exatamente como ele nos explicara: eu fui reconduzido ao cargo, mas o outro foi enforcado" (Gn 41,9-13).

Então o Faraó mandou buscar José. Podemos imaginar como José, dois anos depois de o copeiro ter deixado a prisão, deve ter ficado surpreso ao ser convocado misteriosamente da masmorra, sem dúvida de banho tomado e com a barba feita, receber roupas novas e ser apresentado diante do Faraó. Então o Faraó conta seus sonhos ao escravo hebreu. Nenhum outro fora capaz de entender os sonhos, mas José responde confiantemente: "Eu não conto". É Deus que dará ao Faraó uma resposta favorável" (Gn 41,16).

Podemos ver o longo caminho percorrido por José desde o arrogante egocentrismo de sua juventude. Sua necessidade de ser a Estrela desapareceu; ele não precisa reivindicar glória para si, mas a atribui a Deus. Ele é apenas o instrumento a ser usado pela Sabedoria Maior que está nele. Foi necessária uma terrível jornada para o Egito e enorme sofrimento para provocar esta mudança, mas o remédio amargo surtiu seu efeito e, por fim, José está pronto para a grande obra de sua vida.

José procede à interpretação. Ele vê imediatamente que os dois sonhos estão transmitindo a mesma mensagem; portanto, ela deve ser importante e deve referir-se a acontecimentos futuros. José os considera sonhos de advertência, presságios do futuro, tal como pode acontecer a um governante que é responsável pelo bem-estar de seu povo (enquanto os sonhos do copeiro e do padeiro diziam respeito apenas a eles próprios). José explica ao Faraó: virão sete anos de abundância, simbolizados nos sonhos pelas sete vacas gordas e pelas generosas espigas de trigo; mas depois virão sete anos de terrível fome e os frutos dos anos de abundância seriam consumidos. Diz ele:

"A fome que seguirá será tão grande que ninguém se lembrará da abundância que o país desfrutou. Se o sonho do Faraó se repetiu duas vezes é porque o fato já está determinado por Deus e Deus tem pressa de realizá-lo" (Gn 41,31-32).

Então José faz algo surpreendente: apresenta um plano piloto para evitar a catástrofe iminente. Diz ele: "O Faraó escolha um homem que seja inteligente e sábio para administrar a terra do Egito. O Faraó deverá agir e nomear fiscais pelo país e impor uma taxa de um quinto dos produtos da terra do Egito durante os anos de abundância. Recolham todos os víveres produzidos durante estes anos bons que estão chegando. Armazenem o trigo em nome do Faraó e estoquem os víveres nas cidades e os guardem. Estes víveres servirão de reserva para o país durante os sete anos de fome que se abaterão sobre a terra do Egito. E assim o país não será destruído pela fome" (Gn 41,33-36).

Este é um exemplo impressionante que mostra em José uma excepcional combinação de força psíquica com sabedoria mundana e capacidade administrativa prática. José está se tornando uma pessoa completa. Seu lado introvertido, que o capacita a perscrutar o mundo dos sonhos, e seu lado extrovertido, que lhe confere uma sensibilidade para as necessidades práticas da situação, estão trabalhando juntos. Sua grande inteligência no tocante às coisas do Espírito vai de par com seu perspicaz espírito prático. Ele é um homem de negócios e um homem do mundo tão bom quanto seu pai, Jacó, e muito mais evoluído do que Jacó como vidente. O que tornou José realmente tão grande é este enorme desenvolvimento de sua personalidade em todas as direções, um fato raramente consumado, porque a maioria de nós fazemos uma identificação unilateral com certos aspectos de nós mesmos e negligenciamos outras funções e atitudes psicológicas.

A plenitude de José impressionou evidentemente também o Faraó: no mesmo instante ele o nomeou chanceler ou primeiro-ministro do Egito e lhe confiou a importantíssima tarefa de organizar o reino para os catorze anos cruciais que estão por vir. O Faraó pergunta a seus ministros: "Poderíamos encontrar outro homem como este, dotado do espírito de Deus?" Depois diz a José: "Visto que Deus te deu o conhecimento de tudo isto, não pode haver ninguém tão inteligente e sábio como tu. Serás meu chanceler e todo o meu povo respeitará tuas ordens; somente este trono me coloca acima de ti" (Gn 41,38-40).

Assim José é proclamado publicamente primeiro-ministro do Faraó no Egito, recebe uma autoridade inferior somente à do próprio Faraó e casa com a filha do sacerdote mais importante na terra do Egito. Somos informados de que ele tinha trinta anos de idade na época, de modo que é ainda um homem jovem. Começou imediatamente a trabalhar e percorreu o país, organizando e administrando um vasto programa de estoque de víveres. Durante os sete anos de abundância "José armazenou o trigo como a areia do mar, em tanta quantidade que desistiram de contá-lo porque ultrapassava toda medida" (Gn 41,49).

José percorreu um longo caminho desde que foi vendido como escravo aos comerciantes ismaelitas. Mas não foi o acaso que o levou afinal à sua alta posição. As circunstâncias externas da vida de uma pessoa estão inextricavelmente ligadas às circunstâncias internas. Se José tivesse permanecido prisioneiro de sua arrogante presunção juvenil, certamente teria sido destruído há muito tempo. Se tivesse desistido e deixado de seguir a Voz de Deus manifestada através de seus sonhos, sua vida também teria dado em nada. Mas José foi bem-sucedido nesta sumamente difícil e importante tarefa espiritual: manter uma relação com seu Centro, embora permanecendo ao mesmo tempo consciente de que sua existência era uma existência humana limitada e mortal. Assim ele adquiriu essa combinação de humildade e desenvolvimento ampliado da personalidade que leva à grandeza. José era um rei na masmorra muito antes de tornar-se um governante de pessoas no Egito do Faraó. Primeiro ele governou a si mesmo; então estava pronto para governar outros.

7 Os irmãos de José

O restante do nosso estudo focaliza os irmãos de José. Quando estudamos a história de Jacó, encontramos motivos para crer que Esaú, e não só Jacó, passou por um processo de desenvolvimento psicológico; este processo, embora não fosse tão extenso como o de Jacó, ainda foi suficiente para constituir a base da reconciliação dos dois irmãos. Agora veremos que o mesmo acontece com os irmãos de José.

Alguns indivíduos são chamados a alcançar uma consciência muito acentuada e uma personalidade altamente desenvolvida. A história acaba reconhecendo muitas destas figuras como gigantes espirituais entre nós. A história da Bíblia gira em torno da vida e das intuições de vários destes indivíduos altamente dotados, cujo desenvolvimento consciente elevou a consciência de todo um povo. Nem todos nós conseguimos alcançar o desenvolvimento psicológico e espiritual de um Jacó, de um José ou de um Moisés; mas todos nós, à nossa maneira, de acordo com nossos dons e vocação individuais, somos convocados a alcançar um grau de consciência psicológica e integração pessoal.

O homem que lutou com Deus

107

Um dos motivos por que muitos cristãos não conseguiram ouvir as palavras de Jesus desta maneira talvez seja que nossa expectativa de salvação é por demais passiva. O que nos dizem é o seguinte: Cristo fez tudo por nós e tudo o que precisamos fazer é acreditar, já que somos totalmente incapazes de fazer, por nós mesmos, alguma coisa. Somos ensinados a olhar para a Cruz como nossa única esperança, esquecendo que o próprio Jesus disse: "Se alguém quiser ser meu seguidor, renuncie a si mesmo, tome sua cruz cada dia e siga-me" (Lc 9,23).

Joseph Campbell, em seu livro de leitura muito agradável *Myths to Live By* (*Para viver os mitos*), fala das pessoas-gatinho e das pessoas-macaco, uma ideia que vem da Índia. O gatinho, quando está perdido ou passa necessidade, grita "miau, miau" e sua mãe vem e o leva para um lugar seguro. Mas, quando um bando de macacos atravessa a floresta, podemos ver os macaquinhos agarrados na mãe com todas as forças; se são bem-sucedidos ou não, depende deles. Existem ocasiões em que nós precisamos ser pessoas-gatinho e entregar-nos totalmente a Deus e à sua ação para que nos ajude; mas existem outras ocasiões em que nós próprios precisamos fazer o esforço. Então não é bom apontar Jesus como "o Homem" e adulá-lo e glorificá-lo, se isto significa que descuidamos o chamado de Deus a olhar para nós mesmos e a assumir a Cruz como nosso próprio caminho de crescimento e consciência.

A história dos irmãos de José não traz conforto aos que gostariam de projetar em Jesus a tarefa que cabe a cada um: tornar-se uma pessoa consciente e desenvolvida. Eles não podem fugir de seu próprio chamado ao crescimento espiritual e psicológico, girando em torno de Jesus como servos em torno de um senhor, numa atitude que Fritz Kunkel chamou de "relação feudal". Porque os irmãos de José, cada qual à sua própria maneira e de acordo com sua própria capacidade, também passam por um processo de desenvolvimento psicológico. Eles não chegam à diferenciação da personalidade que José consegue, mas passam por seu próprio processo e chegam a seu próprio desenvolvimento. Nos irmãos de José podemos ver-nos a nós mesmos e entender que, ainda que não possamos ser José, podemos ser um dos seus irmãos.

Sua história recomeça quando a fome se espalha pela terra de Canaã. Enfrentando a morte por inanição, Jacó ouve falar que existe trigo à venda no Egito e envia seus filhos para comprar alimentos a fim de não morrerem de inanição. Apenas Benjamim, o mais novo e, como José, o filho da amada Raquel, permanece em casa. Os filhos empreendem a jornada para o Egito e se apresentam a José para pedir permissão de comprar víveres. Evidentemente eles não reconhecem que este primeiro-ministro do Egito é seu irmão, mas José os reconhece. No entanto, ele não se lhes revela, mas se dirige a eles com palavras ásperas, como se lhe fossem estranhos. Quando eles se inclinam diante dele, José se lembra dos sonhos de sua juventude, nos quais os feixes de seus irmãos se inclinaram diante dele e também o sol, a lua e onze estrelas se inclinaram diante dele. Esta recordação dos sonhos de sua infância lhe dá uma perspectiva sobre sua presente situação. Um homem comum ter-se-ia entregue à vingança, agora que seus inimigos estavam sob seu poder; mas José entende agora que seus sonhos eram um chamado de Deus a um destino eminente. Se usasse este grande poder que Deus lhe deu para fins vingativos, isso seria um pecado contra o Deus que sempre esteve com ele e isso acabaria por destruí-lo.

O homem que lutou com Deus

Por isso decide testar os irmãos. Embora eles lhe digam donde são, lhe falem de seu pai e de Benjamim que permanece em casa, são acusados de ser espiões e mantidos na prisão por três dias. Então, no terceiro dia, José lhes diz que, se quiserem comprovar sua história, precisam deixar um deles como refém, voltar para casa e trazer o irmão mais novo, Benjamim. Os irmãos ficam consternados, porque sabem que Benjamim é o xodó de seu pai e sua principal razão de viver. Agora eles se lembram do seu pecado cometido contra José e, desconsolados, dizem uns aos outros: "Na verdade, estamos sendo chamados a prestar contas do que fizemos ao nosso irmão. Vimos a aflição de sua alma quando ele pedia misericórdia, mas não o ouvimos; e agora nos veio esta desgraça". Rúben, que tentara ajudar José, acrescenta: "Eu não vos disse para não fazer mal ao menino? Mas vós não me escutastes. E agora nos pedem contas de seu sangue" (Gn 42,21-22).

Tudo isso foi falado na presença de José e ele, evidentemente, entendeu tudo o que eles disseram, embora os irmãos não tenham percebido. Ele se deu conta de que seus irmãos estão arrependidos da ação cometida contra ele e, profundamente comovido, começou a chorar tão amargamente que se viu forçado a retirar-se de sua presença.

Aqui temos o complexo de culpa dos irmãos de José. Quando jogaram José no poço, venderam-no como escravo e rejeitaram seu pedido de misericórdia, eles reprimiram sua culpa. Consumidos pelo ódio contra ele, racionalizaram suas ações e enterraram a voz da consciência profundamente em seus corações (o coração é o sinônimo bíblico para o que chamamos de inconsciente). Mas nada é esquecido para sempre pelo inconsciente e as coisas não deixam de existir simplesmente porque foram reprimidas. A culpa dos irmãos atormentou-os por dentro por muitos anos, sem dúvida alimentada continuamente pela angústia de seu pai, que não se consolava com a perda de José. Foi essencial, para ocorrer a cura e o crescimento, que sua culpa aflorasse à consciência onde pudesse ser suportada, enfrentada e integrada.

É útil distinguir entre sentimentos de culpa e culpa real. Os sentimentos de culpa provêm de uma consciência mais ou menos distorcida, constituída pelas atitudes coletivas de outras pessoas – pais, educadores, líderes religiosos – que foram interiorizadas e atuam como uma espécie de voz coletivizada. Muitas vezes nosso desenvolvimento psicológico requer que os falsos sentimentos de culpa sejam superados, que nos libertemos da tirania das atitudes coletivizadas existentes dentro de nós. Mas, além disso, existe uma coisa como a verdadeira culpa. Quando pecamos contra a verdade de nossa própria natureza, contra a própria ordem da vida, então *somos* culpados. Então nós não apenas nos sentimos culpados, ou parecemos culpados, mas somos culpados.

Se permitimos que os falsos sentimentos de culpa nos dominem, isso é uma coisa paralisante, mas a única maneira de lidar com a culpa real é assumi-la conscientemente como um fardo psicológico a carregar. Se a culpa real é reprimida, ela nos infecciona e envenena, como aconteceu aos irmãos de José. A cura está em adotar uma atitude responsável para com nossa culpa real: "Sim, o que eu fiz foi um pecado contra Deus e contra a vida e agora assumo a responsabilidade correta pelo que fiz". Quando temos essa atitude, sentimos dor, mas não é uma dor doentia e neurótica. A culpa real, reprimida, nos torna doentes; quando enfrentada, ela pode levar à cicatrização da alma.

O homem que lutou com Deus

Apesar de sua angústia, os irmãos não têm outra alternativa senão deixar Simeão como refém e voltar para casa para implorar ao pai que os deixe levar Benjamim ao Egito. Então eles se preparam para a viagem de retorno, mas José deu secretamente a ordem de encher com trigo o saco que cada um trouxera, dar-lhes provisões para a viagem e devolver o dinheiro de cada um. Sua angústia foi quase maior do que podiam suportar quando acamparam no caminho para casa, abriram seus sacos e encontraram o dinheiro em cada um. "Seu coração desfaleceu e eles se entreolharam em pânico, dizendo: 'O que é isto que Deus fez por nós?'" (Gn 42,28).

Vimos como o fato de ser vendido como escravo foi para José uma experiência profundamente dolorosa, mas transformadora, e como sua jornada para o Egito foi sua "travessia noturna do mar" da escuridão e do desespero. Algo parecido com isso acontece agora com os irmãos de José. Sua dolorosa jornada de volta para Canaã, seu pânico quando descobrem o dinheiro em seus sacos e a angústia que os invade quando contam ao pai que precisam levar Benjamim de volta com eles, é sua travessia noturna do mar. Eles estão vivendo agora com sua culpa e com as ondas da escuridão que se levantam com ela a partir do inconsciente.

De início Jacó não está disposto a deixar Benjamim partir com seus irmãos para o Egito: "Vós estais roubando meus filhos; José não existe mais, Simeão não existe mais e agora quereis tomar Benjamim. Tudo isto recai sobre mim" (Gn 42,36). Nem mesmo a garantia de Rúben de deixar seus dois filhos com Jacó como reféns, a serem mortos se não conseguisse retornar com Benjamim, tranquiliza o ancião inconsolável. Mas finalmente a dura realidade da fome obriga Jacó a mudar de opinião. Não existe alternativa e, com pesar e mau pressentimento, o velho pai dá seu consentimento para que os irmãos voltem ao Egito com Benjamim.

Carregados de presentes, e com o dobro do dinheiro que haviam encontrado em seus sacos, os irmãos se põem novamente a caminho do Egito. Quando José os vê chegando, instrui seus servos a levá-los à sua casa e preparar uma festa para eles. Os irmãos temem estar sendo levados ao palácio para serem punidos pelo dinheiro que eles descobriram em seus sacos; mas, quando estão reunidos, José lhes fala afavelmente. Pergunta pela saúde de seu pai e, quando vê Benjamim, filho da mesma mãe como ele, fica tão dominado pela emoção que novamente se vê obrigado a deixar a sala para esconder as lágrimas: "Entrou em seu quarto e chorou" (Gn 43,30). Depois, tendo lavado o rosto, retorna para a casa e manda servir a refeição. Terminada a refeição, José dá aos irmãos o cereal de que precisavam, mas instrui seus servos a colocar o dinheiro pago pelo cereal e sua própria taça de prata no saco de Benjamim.

Novamente os irmãos empreendem o caminho de volta para a terra de Canaã, desta vez bem animados. Sentem que seus temores não se materializaram e estão retornando em segurança com o cereal e também com Benjamim. De repente são detidos pelo oficial de José, que, seguindo as instruções dele, os intima e acusa de roubar a taça do primeiro-ministro. "Por que retribuístes o bem com o mal? Não é esta a taça usada por meu senhor para beber e também para ler os presságios? O que fizestes está errado" (Gn 44,5).

Os irmãos protestam sua inocência; mas, quando seus sacos são revistados, a taça desaparecida está de fato no saco de Benjamim. Nisto os irmãos rasgam as vestes agoniados e são levados de volta a José no maior desespero. A travessia noturna do mar os engole novamente. Assim como José suportou duas temporadas escuras – no caminho para o Egito e depois, após imaginar que tudo funcionara com sucesso, na masmorra do Faraó – assim agora os irmãos passam por uma segunda noite escura da alma.

Estando os irmãos novamente em sua presença, José simula grande cólera: "O que é isto que fizestes? Não sabíeis que um homem como eu é um leitor de presságios?" (Gn 44,15). Judá se faz então o porta-voz dos seus irmãos. Ele não consegue entender o que aconteceu, mas fará tudo para assegurar o retorno seguro de Benjamim a Canaã: "Eis-nos aqui, escravos de meu senhor, tanto nós quanto aquele em cujo poder foi encontrada a taça" (Gn 44,16). Os irmãos, que haviam vendido José como escravo, enfrentam agora eles próprios a vida como escravos. A travessia noturna do mar, com todos os seus terrores, está completa. Eles são forçados a renunciar a tudo na vida, exatamente como José foi forçado a renunciar a tudo. Eles não podem agarrar-se a nada.

Mas José pretende recusar a oferta dos irmãos de permanecer como escravos. Só Benjamim deve permanecer, diz ele, porque foi no saco dele que a taça de prata foi encontrada. Então Judá pede para falar com José em particular. Ele lhe confidencia toda a história da família. Conta-lhe sobre seu pai e sobre a amarga tristeza do pai por causa da perda de José. É pela alma de seu velho pai, diz Judá, que Benjamim precisa voltar para casa. Judá conclui com uma bela oferta: "Deixa que teu servo fique como escravo de meu senhor no lugar do rapaz, eu te imploro, e deixa o rapaz retornar com seus irmãos. Com efeito, como poderia eu voltar para junto de meu pai sem ter comigo o rapaz? Eu não suportaria ver a desgraça que se abateria sobre meu pai" (Gn 44,33-34).

Judá é o irmão que foi o cabeça original do bando. Foi ele que sugeriu que José fosse vendido como escravo e solapou a tentativa de Rúben de salvá-lo do poço. Agora toda a arrogância e ódio de Judá desapareceram. Ele está disposto a entregar a própria vida a fim de poupar o velho pai de mais sofrimento. Sua vida se tornou um nada para Judá e ele resolve voluntariamente abrir mão dela em vista de um valor superior. Psicologicamente seu egocentrismo foi expurgado e agora ele pode agir a partir de seu si-mesmo real. José não consegue mais suportar a situação. Ordena a seus assessores: "Saiam todos" (Gn 45,1). Então, no que é uma das cenas mais comoventes e dramáticas da Bíblia, ele abre seu coração aos irmãos: "Eu sou José. Meu pai realmente ainda vive? [...] Eu sou vosso irmão José que vendestes para o Egito. Mas agora não vos aflijais nem vos censureis por me terdes vendido para cá, porque Deus me enviou à vossa frente para preservar vossas vidas. [...] Portanto, não fostes vós que me enviastes para cá, mas foi Deus; e ele me estabeleceu como pai para o Faraó, senhor de toda a sua casa e administrador de toda a terra do Egito" (Gn 45,3-8). Então abraçou Benjamim e chorou e Benjamim também chorou em seu ombro. Beijou cada um dos irmãos e chorou sobre eles.

Agora temos uma cena de grande regozijo em que os irmãos se reconciliam entre si. Exatamente como Jacó se reconciliou com Esaú, agora José se reconcilia com seus irmãos. A plenitude que José alcançou em seu interior se estende agora às suas relações com eles. A reconciliação é possível por causa da consciência altamente desenvolvida de José, mas também por causa da mudança ocorrida no coração dos irmãos. José testou seus irmãos para determinar o que havia em seu coração e, quando Judá se mostrou disposto a ser escravo para Benjamim ser poupado, ele reconheceu que o coração dos irmãos encontrara o caminho para Deus. Seus irmãos foram transformados, assim como José foi transformado. Na verdade, eles não são tão dotados como José; não são grandes administradores nem interpretam sonhos ou leem presságios. Mas, à sua maneira, eles cresceram muito em consciência psicológica e força de caráter desde o fatídico dia em que não foram capazes de lidar eficazmente com seu ciúme e seu medo e venderam seu irmão como escravo. Também eles passaram por um desenvolvimento psicológico da única maneira possível: um doloroso confronto consigo mesmos, um ajuste de contas com o passado e uma disposição de abandonar o egocentrismo a fim de servir a Deus.

Outra cena de reconciliação entre José e seus irmãos constitui o final da história. O velho pai, Jacó, morreu e novamente os irmãos ficam com medo porque supõem que José agora se vingará deles. Vendo que seu pai morreu, dizem entre si: "E se José nos tratar como inimigos e nos retribuir todo o mal que lhe fizemos?" (Gn 50,15). Então foram ter com José, inclinaram-se diante dele e novamente pediram seu perdão. José lhes responde com palavras que estão entre as mais profundas da Bíblia: "Não tenhais medo. Por acaso estou no lugar de Deus? Quanto a vós, planejastes o mal contra mim; mas Deus quis transformá-lo em bem, a fim de cumprir o que se realiza hoje: salvar a vida de um povo numeroso" (Gn 50,19-20). Com estas palavras ele os tranquilizou e confortou.

José é capaz de falar como fala porque vê sua vida em perspectiva; ele percebe o padrão que esteve atuando ao longo de toda a sua vida. Novamente, quando os irmãos se inclinaram diante dele, ele deve ter-se lembrado de seus sonhos da juventude, mas agora não existe nele nenhuma arrogância egocêntrica.

Nós vemos o sentido de nossa vida quando vemos o padrão que nela atua e, depois de ver esse padrão, vimos a ação do si--mesmo em nós. Quando o padrão norteador de nossa vida se torna claro, podemos ver que até a escuridão e o sofrimento podem ter seu lugar apropriado. No caso de José, o mal que os irmãos planejaram contra ele foi usado por Deus para purificar sua alma e destruir seu egocentrismo. Quando os irmãos o venderam como escravo, isto foi um acontecimento mau. Mas Deus o usou para o bem: trazer José ao Egito, onde ele realizou uma grande obra. De uma maneira estranha para nossa compreensão humana, Deus pode usar até o mal para seus desígnios. Evidentemente, isto não significa que tudo redunda sempre no melhor. O mal que os irmãos planejaram contra José só pôde ser usado por Deus porque José adquiriu a atitude correta e uma consciência muito elevada. O mal continua sendo mal até que a consciência do homem cresça por causa dele. Então Deus pode usá-lo para o bem e os desígnios supremos de Deus se cumprem.

Parte III
O herói relutante

8 Nascimento do herói

Moisés foi um guerreiro, um místico, um estadista e um profeta reunidos numa única pessoa. A maioria dos homens desenvolve apenas um destes aspectos, mas Moisés desenvolveu todos os quatro. Sua relação com Deus foi profunda e íntima e sua influência na história do povo de Israel não foi superada por ninguém. Jacó conheceu Deus em sua vida ocasionalmente. Como muitos de nós, ele não foi um homem que vive com um constante senso de comunhão com Deus, mas o experimentou numa série de crises separadas. José tinha uma ligação com Deus através de seus sonhos, mas nunca ouvimos dizer que tivesse esses encontros diretos com o numinosum como teve Moisés. Moisés conheceu Deus "face a face"[16]. Ele parecia viver sua vida em constante comunhão e interação com ele. Mas não foi sempre assim. Assim como Jacó e José antes dele, Moisés precisou passar por um período de sofrimento e desenvolvimento psicológico antes de estar pronto para cumprir sua vocação divina.

A natureza heroica da vida de Moisés é prefigurada na história de seu nascimento. Nas tradições religiosas da humanidade existem numerosas histórias de nascimentos de heróis. Nestas

---

16. Ex 33,11; cf. Nm 14,14; Dt 5,4; 34,10.

narrativas ocorrem repetidas vezes alguns motivos típicos. Os que estão familiarizados com estas histórias de nascimentos de heróis reconhecem facilmente estes elementos típicos. Logo que ocorrem, podemos dizer: "Ah! Este homem pode tornar-se um herói". O herói é a pessoa cuja consciência se torna muito mais desenvolvida do que a de seus companheiros, cuja integração psicológica está sendo concluída, que cumpre o plano e o padrão divinos para sua vida. Através de uma vida e de uma consciência muito superiores, o herói eleva o nível de consciência e influencia a história de todo um povo.

A história ocorre no Egito, muitos séculos depois de José, quando surgiu um novo Faraó que não o conhecia. Este novo Faraó temia o poder do estranho povo hebreu e decidiu escravizá-lo, a fim de que os hebreus não crescessem ao ponto de tornar-se uma ameaça ao reino. Talvez procurasse também um pretexto para aumentar o vasto número de trabalhadores necessários para seus muitos projetos arquitetônicos e, por isso, explorou a ideia de segurança nacional para justificar o que fazia. Mas os hebreus continuaram a multiplicar-se, mesmo como escravos, e sem dúvida havia agora grande cólera e descontentamento entre eles, de modo que o Faraó continuou tendo medo e decretou que para o futuro todas as crianças do sexo masculino nascidas entre os hebreus fossem assassinadas. Esta ordem cruel foi executada impiedosamente, mas uma mãe hebreia, Jocabed (Ex 6,20), foi mais habilidosa e corajosa do que as outras.

Geralmente, quando lemos a história de Moisés, negligenciamos a breve referência à destemida mulher que salvou a vida de seu filho, pondo-o num cesto e deixando-o flutuar no rio. Com efeito, a história, como a encontramos em Êxodo 2, nem sequer a menciona

O homem que lutou com Deus

pelo nome, embora referências posteriores[17] nos digam que seu nome era Jocabed. Algumas das mulheres famosas do Antigo Testamento são nomeadas e descritas com alguns detalhes – como Rute e Débora –, mas Jocabed é uma das heroínas não cantadas, cuja esperteza e coragem influenciaram grandemente o curso da história, mas cujas identidades são praticamente desconhecidas. Muitos de nós somos Jocabeds, alguns poucos somos como Moisés ou Débora, mas nós também contamos.

Aparentemente por acaso, a filha do Faraó estava tomando banho no rio quando o minúsculo cesto passou flutuando. Acaso? Desígnio divino? Uma das descobertas de C.G. Jung foi que os arquétipos reúnem acontecimentos tanto exteriores quanto interiores. Existe no mundo um ordenamento das coisas feito por forças invisíveis, ocultas. Estas forças reúnem certas pessoas ou acontecimentos de uma maneira aparentemente casual, mas que tem um significado psíquico. Jung deu a esse fenômeno o nome de sincronicidade; na linguagem cristã ela é uma função do Espírito Santo. Curiosamente a filha do Faraó manda suas criadas buscar o cesto e, quando ela viu o minúsculo bebê, seu coração se comoveu. Observou com espanto: "É uma criança dos hebreus". Miriam, que observava tudo isto, foi correndo até ela e perguntou: "Queres que eu vá encontrar uma ama de leite entre as mulheres dos hebreus para amamentar a criança em teu lugar?" (Ex 2,6-7). A pedido da filha do Faraó, Miriam correu e trouxe a mãe da criança, que foi paga pela princesa para amamentar o bebezinho. Quando o bebê se tornou um jovem garoto, foi recebido na casa do próprio Faraó, onde a

---

17. Ex 6,20 e Nm 26,59.

princesa o tratou como seu filho. O menino recebeu o nome de "Moisés", porque, disse ela, "eu o tirei das águas" (Ex 2,10). É típico o futuro herói nascer cercado de grandes perigos. No caso de Moisés, outros bebês em torno dele foram trucidados pelos soldados do Faraó, mas ele sobreviveu, graças à coragem de sua mãe e irmã. Nas tradições mitológicas, o herói nasce muitas vezes cercado de perigos. O menino Hércules, por exemplo, é odiado por Hera, que envia serpentes para o berço do menino a fim de matá-lo, mas o futuro herói as estrangula com suas robustas mãos infantis. Asclépio, o deus grego da cura, é resgatado da morte no último momento, quando Apolo arranca o menino não nascido do corpo da mãe morta, antes de as chamas o engolirem numa grande pira fúnebre. A comparação bíblica mais impressionante é Jesus, que sobrevive quando os soldados de Herodes, assim como os do Faraó, entram na cidade de Belém matando as crianças. Graças à intervenção de anjos, que advertem seu pai terreno, José, a vida do menino Jesus é salva.

É também típico do herói que a criança recém-nascida seja uma criança abandonada. Na história de Moisés, sua mãe desesperada decide confiá-lo às forças da natureza em vez de vê-lo enfrentar a morte certa se ela própria continuasse a cuidar dele. Assim o menino é carregado perigosamente pela corrente do rio Nilo em seu minúsculo cesto, exposto aos acasos e incertezas da natureza. Mas o rio é benévolo com ele. O bebê não é varrido do mapa, ou afogado, ou empurrado para o mar; ao invés, a corrente o leva em segurança para a área onde a filha do Faraó está tomando banho. Uma história paralela na mitologia é o conto de Rômulo e Remo, os heróis da antiga Roma, que foram deixados à deriva no rio Tibre, mas foram resgatados pela grande loba que os amamentou e criou. Jesus também foi abandonado, em certo sentido, já que não havia lugar para ele na hospedaria. Em consequência, seu nascimento ocorreu em meio à natureza num estábulo, cercado de animais. É como se a capacidade de sobrevivência do futuro herói fosse maior do que a da maioria das pessoas. Ele sobrevive onde os outros teriam perecido.

Esta sobrevivência se deve ao cuidado especial dado à criança pela natureza, ou pelas forças divinas, ou por ambas. No caso de Moisés, é como se o próprio rio Nilo tivesse sido benigno com ele e o tivesse conduzido ao lugar certo. Rômulo e Remo, como observamos, foram criados por uma loba e Jesus encontrou um apoio amigo dos animais do estábulo e a assistência divina direta do exército angélico, que, numa série de sonhos provocados nos magos e em José, afastou os perigos que ameaçavam o recém-nascido.

Por fim, temos o padrão dos pais duais[18] do herói. Moisés, por exemplo, teve seus pais hebreus comuns e sua família egípcia régia. Incontáveis heróis do mito e da lenda têm um padrão semelhante. Édipo, por exemplo, é criado pelo casal de camponeses simples nas montanhas, mas tem também sua linhagem régia; e Asclépio é criado pelo centauro Quíron, mas tem Apolo como pai celestial. Mas Jesus é o maior exemplo. Ele tem Maria e José, seus pais terrenos, mas é também filho do Espírito Santo e vive com a consciência de suas origens celestes. Na história do menino Jesus no templo, quando Maria e José precisaram esfalfar-se para encontrá-lo, Jesus lhes responde, espantado porque eles não compreendiam: "Não sabíeis que devo ocupar-me com os negócios de meu Pai?" (Lc 2,49).

O padrão da paternidade/maternidade dual nos ajuda a ver o sentido do herói. É como se o herói derivasse sua consciência

---

18. Cf. o artigo de Esther Harding, cap. 1 de Hilde Kirsch. *The Well-Tended Tree*. Publicado pela Fundação C.G. Jung.

extraordinária de uma fonte régia ou divina, como também de uma fonte humana comum. Ele é uma pessoa renascida, cuja personalidade tem sua fonte num mundo espiritual arquetípico e não é moldada simplesmente por convenções humanas e ambientes ordinários. Psicologicamente falando, o herói é uma pessoa que vive em estreito contato com o mundo interior do inconsciente e suas forças espirituais. Isto traz as histórias de heróis para mais perto de nós. Porque, enquanto a história lembra a vida e os feitos de seus grandes heróis, todos nós temos a potencialidade de tornar-nos um herói, cada um à sua maneira. Logo que se estabeleceu um contato criativo com o mundo interior, criou-se a potencialidade da vida heroica.

Um estudo da mitologia comparativa ressalta os traços arquetípicos da história do nascimento de Moisés. Como vimos, isso é típico de certo tipo de história. Mas não nega necessariamente a historicidade de Moisés ou o essencial do relato bíblico. Em certas pessoas, o fundo arquetípico ou mitológico da vida emerge e é vivido em sua vida. É isto que lhes dá uma qualidade extraordinária. Portanto, o fato de haver elementos arquetípicos nas histórias de Jacó, de José e de Moisés não nega a historicidade destes personagens bíblicos, mas fala de sua realidade como pessoas nas quais vivia o divino.

O menino Moisés teve o nascimento de um herói, mas isto não garantia que ele se tornaria um herói. Antes de poder desenvolver-se nele a semente de um herói, o jovem Moisés precisou passar por um processo de desenvolvimento psicológico e de transformação. Como aconteceu com Jacó e com José antes dele, seu egocentrismo precisava ser destruído, para que sua vida pudesse ser moldada pela Vontade Maior existente dentro dele. O resto de nossa narrativa se ocupará em mostrar como isto aconteceu.

9 A criação de um herói

Quando, logo depois, nós vemos Moisés, ele é um jovem. Embora fosse criado na casa do Faraó, ele tinha também consciência de suas origens hebreias, pois se diz que um dia ele partiu para visitar seus conterrâneos. Podemos também conjeturar por que ele fez isso. Talvez estivesse em busca de sua própria identidade, porque uma parte de nosso senso pessoal de identidade vem de conhecer nossas raízes ancestrais e nosso lugar na história. Ou talvez ele apenas tivesse curiosidade e quisesse ver como eram as coisas no mundo fora do palácio. A curiosidade, como veremos, era forte na personalidade de Moisés; ela é também um dos grandes impulsos que nos faz mergulhar na vida e em nosso desenvolvimento psicológico. Quando encontra seus conterrâneos, Moisés fica chocado com a vida difícil que levam e se enche de cólera e indignação por causa de sua sorte. De repente ele vê um capataz egípcio espancando um dos escravos hebreus. Depois de olhar ao redor, para certificar-se de que ninguém estava vendo, ele parte para cima do egípcio e o espanca furiosamente até ele cair morto no chão.

Nossas reações diante do feito de Moisés são variadas. Até certo ponto, ficamos satisfeitos com sua capacidade de justa indignação, mas também nos perguntamos se não se mesclava ali uma dose de culpa. Afinal, Moisés não estava sofrendo nenhuma das agruras de seu povo; ele vivia num belo palácio, enquanto seus conterrâneos estavam vivendo como escravos. É verdade que seu ato foi um ato precipitado, ditado por uma erupção de emoção. Quando um homem entra num estado de raiva tão grande que chega a matar alguém, como fez Moisés, ele está possuído por alguma coisa. Ele não domina a emoção; é a emoção que o domina. Em termos de psicologia masculina, isto muitas vezes tem a ver com seu lado feminino interior. É como se uma mulher dentro dele jogasse um fósforo na gasolina e ele pegasse fogo. Esse tipo de agressão não é a agressão controlada que é característica de uma pessoa verdadeiramente masculina. Por isso, o ato precipitado de Moisés sugere que, enquanto homem, ele ainda não estava formado e por isso sua ação não consegue nada. Ao mesmo tempo, existe no jovem uma espécie de nobreza que está começando a se mostrar. Existe também uma impressionante demonstração de bravura física e de compaixão social nascente, qualidades que emergem posteriormente em Moisés e que caracterizam sua vida.

O assassinato do egípcio, cometido por Moisés, não é apreciado por seus conterrâneos. Voltando no dia seguinte ao lugar onde foi cometido o assassinato, Moisés vê dois hebreus brigando e tenta pôr um fim à disputa entre eles, mas suas propostas como juiz e pacificador são rejeitadas. Um deles o desafia dizendo: "E quem te nomeou chefe para nos governar e julgar? Acaso pretendes matar-me como mataste o egípcio?" Moisés fica apavorado, porque se dá conta de que o assassinato foi visto. Ele pensa consigo mesmo: "Com certeza este negócio tornou-se conhecido" (Ex 2,14).

Vale a pena notar que Moisés se refere a "este negócio". "Este negócio" é o assassinato, mas Moisés não tem coragem de usar a palavra. Isto sugere que ele ainda não é psicologicamente honesto como foi Jacó, quando reconheceu que estava trapaceando seu pai e não usou eufemismos.

Quando Moisés percebe que seu crime foi descoberto, decide fugir por medo da punição do Faraó. Note-se que não existe em sua mente nenhuma ideia ou plano de permanecer no Egito e tentar fazer algo por seus conterrâneos, nem mesmo de retornar posteriormente para tentar ajudá-los. O assassinato do egípcio cometido por Moisés pode ter sido motivado em parte por justa indignação, mas é preciso mais do que isto para transformar alguém numa pessoa que ampara os homens e reforma a sociedade. Ele ainda não tem a maturidade de personalidade para fazer algo realmente útil por seu povo e, quando a situação fica crítica, Moisés acaba pensando apenas em salvar a própria pele.

Por isso Moisés foge para o deserto. Como Jacó antes dele, Moisés é um exilado. Assim como José, também Moisés abandona tudo: sua posição segura no palácio, seus amigos e protetores, sua garantia de um futuro numa posição privilegiada na sociedade. Não temos detalhes daquilo que Moisés estava experimentando interiormente em sua fuga pelo deserto, mas podemos imaginar que ele sentiu o mesmo tipo de desolação, solidão e angústia que se apoderou de Jacó e de José. E certamente ele foi perseguido e torturado, não só pelos perigos externos que estava enfrentando, mas também a partir de dentro, a partir das vozes interiores que devem tê-lo censurado por seu ato temerário e acusado de fugir covardemente. Foi perseguido pelas fúrias e os que suportaram uma agonia psicológica sabem que semelhantes terrores psíquicos e dor psíquica são maiores do que a dor física.

A jornada de Moisés pelo deserto é outra versão da experiência de travessia noturna do mar que Jacó e José suportaram. Ele experimentou um inferno pessoal interior como também um deserto exterior. A experiência ocorre com todos os três heróis, porque é uma experiência típica: os que são chamados a passar por um acentuado desenvolvimento psíquico devem fazer essa jornada escura e dolorosa.

Quando finalmente Moisés chega à terra de Madiã, a leste da terra do Egito, ele chega a um poço. O sacerdote da região mora perto e suas sete filhas chegam ao poço para tirar água, mas são agredidas por pastores violentos que as obrigam a ir embora. Moisés corre em defesa das moças, dispersa os valentões e tira a água para elas. Novamente vemos a capacidade de Moisés de cólera justa e seu senso de injustiça social, mas desta vez ele age de maneira mais madura. Não fere ou mata nenhum dos pastores e faz questão de ajudar as moças na tarefa de tirar a água. Vemos novamente uma evidência de que Moisés é um homem de prodigiosa força física, porque, embora os pastores fossem em maior número, eles fogem aterrorizados.

Na vida de Jacó vimos como foi importante o fato de ele amar Raquel de maneira tão pessoal e intensa; isto mostrou que Jacó era um homem no qual o feminino, o lado eros da vida, estava ricamente desenvolvido. Também na vida de José vimos a função altamente desenvolvida do eros em sua fidelidade a Putifar e em sua ternura para com seus irmãos. Em Moisés vemos o mesmo desenvolvimento do eros. Seu ato em defesa das moças é típico de um homem que, além de seu lado masculino, tem um profundo apreço pelo feminino.

O homem que lutou com Deus

A personalidade completa alcança um equilíbrio e integração entre masculino e feminino. Todos nós carregamos dentro de nós estes dois opostos, mas homens e mulheres se relacionam com eles de maneira diferente. Geralmente um homem se identifica com sua masculinidade e traz sua feminidade no interior; uma mulher faz o contrário. Mas, caso se queira estabelecer a plenitude, um homem precisa se relacionar com seu lado feminino e não apenas com o lado masculino. Na psicologia masculina, o ego masculino não pode viver de maneira bem-sucedida sem apoio do inconsciente feminino. Um homem desenvolve o herói dentro de si não só realizando proezas de masculinidade, mas também por sua relação criativa com o feminino, porque sem isso sua masculinidade se torna grosseira ou brutal.

O masculino e o feminino são como dois grandes polos ao redor dos quais flui toda a vida psíquica. No pensamento chinês eles são representados como os eternos Yang e Yin: o elemento masculino claro e quente e o elemento feminino escuro e frio. À medida que estas duas forças interagem, toda a vida é moldada, e o próprio Caminho do Céu (Tao) é determinado pela inter-relação do Yang e do Yin.

A Dra. Esther Harding[19] sugere que o masculino é como a luz do sol e o feminino como a luz da lua. À claridade da luz do sol, tudo é visto claramente e as coisas são facilmente diferenciadas umas das outras. À luz da lua, as coisas são misturadas e vistas como um todo. A consciência masculina tende a perceber as coisas claramente, a focalizá-las atentamente, a diferenciar uma coisa da outra. A consciência feminina é mais difusa e provavelmente toma conhecimento de muitas coisas que são obscurecidas à luz intensa

---

19. *Woman's Mysteries*. G.P. Putnam's Sons, 1971, p. 28.

do masculino. Mas ambos os elementos são necessários caso se queira estabelecer a plenitude; e uma grande tarefa da individuação consiste em desenvolver-se de tal maneira que o masculino e o feminino em nós atuem criativamente e em harmonia.

Jacó, José e Moisés são, todos eles, exemplos de homens masculinos nos quais o feminino também foi apreciado e integrado. No entanto, o maior exemplo de todos talvez seja Jesus, um homem que foi notável por suas relações com o feminino. Em seu tempo era algo inaudito um homem ter mulheres como amigas; no entanto, Jesus contou muitas mulheres entre seus companheiros mais próximos e não hesitava em falar com elas diretamente. Em sua própria personalidade, as qualidades femininas de eros, relação, compaixão e cura ocupavam o mesmo espaço com as qualidades masculinas de agressão e contundência.

As moças estão satisfeitas com Moisés e com toda a naturalidade e prontamente o levam consigo para casa a fim de apresentá-lo a seu pai, Raguel, ou Jetro, como é chamado em outra tradição, o qual acolhe o jovem em sua casa e lhe oferece uma de suas filhas em casamento. Moisés aceita (o que deve ter deixado as outras tremendamente ciumentas) e se aplica seriamente à confortável vida de pastor. Raguel tinha sete filhas, mas nenhum filho, uma triste situação para um pastor que precisava de ajuda para seus rebanhos, e ficou muito feliz por ter seu jovem e vigoroso genro morando com ele. Quanto a Moisés, a experiência do deserto logo ficou para trás e também as lembranças do Egito e o sofrimento de seu povo. Moisés instala-se numa vida amena, cercado por sua família recém--descoberta e carinhosa. Ele começa a agir como muitos homens agiram antes e depois dele. Se vivesse hoje, sem dúvida o encontraríamos em algum subúrbio, indo para o serviço durante a semana, aparando a grama nos sábados e levando a família a passear no trailer da família nos domingos. Ele encontrou a "vida boa" e nada mais deseja do que sua família, seu trabalho e os prazeres comuns da vida.

Tudo isto é muito bonito; mas, se não tivesse acontecido algo, ele nunca se teria tornado o Moisés que recordamos hoje. A maioria de nós procura levar a vida exatamente no nível em que Moisés está vivendo. Queremos a vida boa e os nossos confortos e pessoas ao nosso redor que nos amem; mas, quando conseguimos o que queremos, o perigo é que todo o crescimento fique paralisado. Talvez é neste momento que Deus precisa do diabo para movimentar as coisas. Algo precisa acontecer para contrariar o curso normal e agradável da vida e pôr-nos novamente a caminho: uma doença, uma catástrofe, uma dificuldade em nosso casamento, um sintoma psicológico perturbador, ou às vezes apenas uma "inquietação divina" indesejada e insaciável. É possível que Deus permita o mal precisamente para que a vida não fique tão confortável para nós a ponto de cairmos num sono psicológico e espiritual. No *Fausto* de Goethe, Mefistófeles, que se descreve a si mesmo como "uma parte daquela força que quer fazer o mal e, no entanto, sempre trabalha para o bem"[20], se queixa que ninguém o aprecia. Ele pergunta: "Por que é assim, já que, se não fosse eu, nada aconteceria?" Moisés precisava que algo acontecesse para continuar seu crescimento, mas neste caso Deus não precisou da ajuda do demônio. Em vez disso, confrontou Moisés diretamente. Deus tinha outros planos para ele, como Moisés, para sua consternação, logo irá descobrir.

---

20. *Faust*. Part One, p. 49. The Library of Liberal Arts.

10 O herói relutante

Certo dia, quando Moisés está com seus rebanhos, chega ao outro lado de um monte próximo, o Horeb, também chamado Sinai, o famoso monte do Antigo Testamento. Ali ele fica espantado com uma visão estranha: uma sarça que está ardendo, mas não é consumida pelo fogo. Dominado pela curiosidade, Moisés se aproxima da sarça flamejante para ver o que era essa coisa estranha.

Ceder à sua curiosidade foi o passo decisivo na vida de Moisés. Já vimos a mudança que a curiosidade produziu em sua vida quando ele saiu para encontrar-se com seus conterrâneos e acabou matando o capataz egípcio. A curiosidade, o desejo de conhecer, é um instinto poderoso, muitas vezes usado por Deus para envolver-nos na vida e em nossa individuação. Mas é também um instinto perturbador. Se Moisés não tivesse cedido à curiosidade, talvez teria deixado a prudência assumir o controle, poderia ter conseguido permanecer em seu estilo de vida confortável como um simples pastor na terra de Madiã. Mas, como no caso de Adão e Eva, sua curiosidade assumiu o controle e, como resultado, Moisés envolveu-se em algo com que nunca sonhara, nem mesmo em sua mais selvagem imaginação.

O homem que lutou com Deus

Muitas vezes é isto que acontece com os que se envolvem em suas próprias jornadas interiores, já que as coisas começam com a necessidade (porque não existe outro caminho para sair de algum impasse na vida) ou com a curiosidade (eu me pergunto: o que me espera lá nesse estranho mundo interior?). Em ambos os casos, a pessoa é "pega" – ou seja, envolvida num processo de crescimento e de busca do qual não há escapatória.

Quando Moisés está perto da estranha sarça ardente, ouve uma Voz chamando de dentro dela: "Moisés, Moisés!" Assustado, Moisés responde: "Aqui estou". A Voz continua: "Não te aproximes daqui. Tira os calçados, porque o lugar onde estás é um solo sagrado. Eu sou o Deus de teu pai, o Deus de Abraão, o Deus de Isaac e o Deus de Jacó" (Ex 3,4-6).

Ninguém hoje conheceu jamais uma sarça que arde, mas não é consumida pelo fogo, nem ouviu uma Voz chamando de dentro das chamas. No entanto, sabemos que existe um tipo de experiência interior que tem esta espécie de luminosidade e força fascinante e que existe uma experiência que consiste em ser chamado a partir do interior para uma missão especial na vida. Não é fora do comum, por exemplo, ter sonhos com imagens como a da sarça ardente de Moisés e esses sonhos sempre falam de um chamado, vindo de um nível mais profundo da personalidade, para uma nova missão na vida e um desenvolvimento interior. A experiência interior de Moisés é personificada desta forma dramática no relato. Como ocorre com muitas histórias bíblicas, não é necessário tomar a história ao pé da letra para chegar à sua verdade, já que o que importa é a verdade psicológica ou espiritual.

A Voz vinda das chamas se identifica como o Deus dos ancestrais de Moisés há muito tempo esquecidos. Abraão e Jacó poderiam ter avisado Moisés de que este Deus não devia ser tomado levianamente e que ele tinha uma maneira de mudar completamente a vida de uma pessoa. Abraão ouviu esta Voz e, como resultado, iniciou a longa jornada de Ur até Canaã. Jacó ouviu a Voz em seu sonho da escada que chegava ao céu e essa Voz abalou completamente seu egocentrismo. Agora Moisés está recebendo este direito hereditário de seus ancestrais: uma relação direta com o Numinosum.

Até agora Moisés talvez conhecesse Deus apenas por ouvir dizer, ou como uma tradição quase perdida entre seus conterrâneos escravizados. Agora ele conhecerá Deus diretamente; Deus já não será uma Força na qual ele acredita vagamente, ou através da tradição, mas uma realidade que ele experimenta e com a qual interage. Quando acreditamos em alguma coisa, é como se tivéssemos ajustado nossa mente para pensar de certa maneira. No entanto, quando experimentamos uma realidade, então nós a *conhecemos*. Como observou certa vez C.G. Jung, quando lhe perguntaram se ele acreditava em Deus: "Eu *sei*, não preciso acreditar. Eu sei"[21]. A partir deste momento Moisés conhecerá a Deus; o conhecimento não tornará sua vida confortável, mas a tornará sumamente significativa.

O solo que Moisés está pisando é um solo sagrado. Isto significa que ele foi impregnado de numinosidade. Na Bíblia, se alguma coisa é sagrada, ela é numinosa. Como vimos, a santidade, ou numinosidade, de Deus, é sua característica principal. Existem experiências psicológicas que possuem este tipo de numinosidade. O ego enfrenta algum Centro de unidade a partir do mundo interior e esta é uma experiência numinosa.

---

21. BBC, entrevista filmada com C.G. Jung, 1958.

Quando uma experiência destas chega até nós, nunca mais somos totalmente os mesmos.

A reação de Moisés é bastante natural: ele esconde o rosto, incapaz de olhar para esta visão aterradora. O que a Voz diz em seguida deve ter aumentado ainda mais o medo de Moisés. Deus proclama, na Voz que vem da sarça ardente, que ele está enfrentando Moisés desta maneira porque quer que ele se dirija à terra do Egito. Ali deverá dizer ao Faraó que deixe o povo de Israel partir.

Que ideia absurda! Não só o Faraó irá com certeza ridicularizar a ideia de deixar seus escravos partirem em liberdade, mas o próprio Moisés é procurado por assassinato. Moisés respondeu incredulamente: "Quem sou eu para dirigir-me ao Faraó e tirar os filhos e Israel do Egito?" (Ex 3,11).

Mas Moisés está sendo solicitado por Deus para ser o herói e isto sempre significa realizar a tarefa difícil, ou até aparentemente impossível, seja ela uma tarefa interior ou uma tarefa exterior. Todos nós somos solicitados a ser heróis, cada um à sua maneira. Como disse Jung certa vez, o inconsciente constela uma situação da maneira mais difícil que ele pode, a fim de extrair o melhor de nós. O chamado ao crescimento psicológico é universal e, embora nem todos nos tornemos um Moisés, somos todos chamados a realizar nossa tarefa particular na vida. Isto sempre implica libertar do Faraó nossos escravos, porque o Faraó é, psicologicamente, o tirano do ego, o domínio demoníaco que nosso egocentrismo tem sobre nós e que escraviza nossa verdadeira personalidade. O chamado vindo de Deus consiste em enfrentar este terrível tirano e combatê-lo. Isto é sempre uma tarefa heroica, mas uma tarefa da qual não podemos fugir, uma vez que Deus nos agarrou e tomou posse de nós. Assim como Moisés, podemos ser apanhados pela incredulidade. Podemos perguntar: "Por que deveria eu abandonar meu estilo de vida confortável e seguro e iniciar uma jornada cheia de perigos psicológicos e incertezas?"

Moisés não deseja ser um herói e apresenta uma série de desculpas, mostrando por que ele não pode ir ao Egito como Deus quer que ele faça. Em primeiro lugar, ele diz que não sabe o que dizer se as pessoas lhe perguntarem quem foi que o enviou. Deus responde revelando a Moisés seu nome: "Eu sou aquele que sou. É isto que deves dizer aos filhos e Israel: o 'Eu Sou' enviou-me até vós" (Ex 3,14).

A Moisés é revelado aquilo que a Jacó não foi permitido saber: o nome de Deus. O nome de alguém revela a essência interior da personalidade e o nome de Deus no Antigo Testamento revela que Deus está além do tempo. Ele é o eternamente presente e não está condicionado ou ligado ao presente e ao futuro, como acontece com o ego. Seu modo de existência não é como o nosso, que estamos ligados e limitados por uma percepção de espaço e tempo. Ele é o grande "Eu Sou", a realidade numinosa que um ser humano pode confrontar, mas nunca pode compreender racionalmente.

Uma segunda desculpa usada por Moisés é que ele é um homem com pouca capacidade de falar: "Mas, meu Senhor, nunca em minha vida fui um homem de eloquência, nem antes, nem agora que falaste a teu servo. Sou um orador lerdo e não consigo falar bem". Deus responde irritado: "Quem deu a boca ao homem? Quem o faz mudo ou surdo, quem lhe dá a visão ou o deixa cego? Não sou eu, Javé? Agora vai. Eu te ajudarei a falar e te direi o que deverás dizer" (Ex 4,10-12).

O homem que lutou com Deus 137

Mais adiante, num outro momento, Deus declara que enviará o irmão de Moisés, Aarão, para acompanhá-lo, pois Aarão é fluente na fala. Mas é interessante observar que, à medida que a história progride, vemos que Moisés pronuncia suas próprias falas e não precisa de Aarão para falar por ele[22]. Uma vez aceito seu chamado interior, seu problema de fala desaparece, o que sugere que seu defeito de fala era um sintoma neurótico provocado pela repressão de seu desenvolvimento psicológico. Quando foi reconhecida a necessidade de sua jornada interior e desencadeado seu potencial de uma personalidade maior, seu sintoma desapareceu. Muitas vezes nossos bloqueios não são o resultado de um trauma passado, mas resultam do represamento da personalidade, ou seja, de nossa incapacidade de avançar para o futuro. A cura então acontece quando aceitamos a necessidade de crescimento psicológico e seguimos em frente. É outro exemplo da importância do fator teleológico em nossa psicologia.

Finalmente Moisés esgota todas as desculpas que ele consegue imaginar e declara frustrado: "Por favor, meu Senhor, envia quem quiseres!" E a Bíblia nos diz: "A cólera de Javé explodiu contra Moisés" (Ex 4,13-14). Então e só então Moisés assume, com relutância, sua tarefa.

Este é um exemplo do que podemos chamar de ira, ou lado sombrio, de Deus. Existe um lado sombrio nesta questão do crescimento espiritual, que não deverá ser negado. Se insistirmos em pô-lo de lado, uma vez que fomos chamados a empreender a jornada interior, ele pode tornar-se negativo

---

22. A fonte sacerdotal traz muitas vezes Aarão, que era sacerdote, pronunciando as falas em lugar de Moisés, mas nas fontes mais antigas é o próprio Moisés quem fala.

e destrutivo. O mesmo processo que pode levar à plenitude e à consciência pode também envenenar-nos e destruir-nos, se procuramos evitá-lo. Muitas pessoas se encontram na situação difícil de Moisés: somente quando são forçadas a empreender sua jornada, por medo das consequências no caso de não a empreender, elas começam seu desenvolvimento psicológico. Por boas razões a Bíblia declara: "O temor do Senhor é o princípio da sabedoria" (Sl 111,10; Pr 9,10), enquanto Hebreus 10,31 diz: "É terrível cair nas mãos do Deus vivo".

Moisés foi realmente um herói relutante; mas, uma vez assumida sua jornada, ele não olhou para trás. Jesus disse certa vez: "Ninguém que põe a mão no arado e olha para trás é apto para o reino de Deus" (Lc 9,62). Moisés, tendo posto a mão no arado, não se afastou dele. Se a grande virtude psicológica de Jacó foi sua honestidade para consigo mesmo, e a de José foi sua capacidade de interpretar sonhos, a de Moisés foi sua inabalável perseverança e constância de propósito, uma vez aceita sua tarefa de vida.

O restante da história de Moisés tem um sentido exterior e também um sentido interior. Exteriormente podemos tomar a história da libertação do povo de Israel da escravidão como história. Mas ela tem também um significado psicológico, porque o povo de Israel na escravidão é símbolo de nossa própria natureza, escravizada à tirania do nosso egocentrismo, que é semelhante à tirania do Faraó. O herói é aquele que efetua a libertação. O trabalho rumo à plenitude consiste em tornar-se uma pessoa cada vez mais livre. Viver a vida a partir do nosso Centro, em vez de escravizada por nosso egocentrismo, é começarmos a ser livres.

O homem que lutou com Deus

Mas pode ser assustador viver como uma pessoa livre. Existe sempre uma parte de nós que prefere a vida de um escravo à vida de liberdade, como mostrou Dostoievsky em sua famosa cena do Grande Inquisidor[23]. Se somos livres, precisamos agir de maneira madura, aceitando a responsabilidade por nossa felicidade ou infelicidade, sucesso ou fracasso. As pessoas livres precisam dar sua contribuição para a vida e abandonar a infantilidade e a dependência. Elas devem fazer escolhas conscientes e não simplesmente seguir o que todos os outros estão fazendo. Muitas vezes parece mais fácil permanecer escravo. Então podemos lamentar nossa situação, culpar os outros por nossos fracassos e nossa infelicidade e evitar a onerosa responsabilidade da liberdade.

Foi assim que o povo de Israel muitas vezes se sentiu. Moisés finalmente conseguiu tirá-los do Egito; mas, sempre que a caminhada se tornava difícil, o povo ficava irritado e queria retornar à sua escravidão anterior. Essas pessoas tinham uma mentalidade de escravo e não eram capazes de suportar os rigores do desenvolvimento psicológico. Diferentemente de Esaú e dos irmãos de José, eles rejeitavam o caminho para a individuação. Evidentemente eles não retornaram ao Egito, porque Deus e Moisés não os deixaram voltar; mas, mesmo assim, permaneceram escravos em suas mentes. Eles acabaram morrendo no deserto; por causa de sua falta de decisão, Deus não lhes permitiu entrar na terra prometida, mas esperou seus descendentes, que nasceram livres no deserto e valorizavam a alegria da liberdade mais do que a segurança da escravidão.

---

23. Dostoievsky. *Os Irmãos Karamazov*, livro V, cap. 5.

Encontramos esta mesma fuga da liberdade em muitas áreas da vida hoje. Na cura d'almas, por exemplo, não é incomum uma pessoa chegar a um ponto em que uma vida nova e livre pode tornar-se possível; e de repente essa pessoa abandona todo o processo, como se a liberdade resultante fosse demasiada para suportar. A mesma coisa ocorre muitas vezes no casamento, onde um parceiro ou talvez os dois vivem num baú. Muitos casamentos se caracterizam por papéis torturantes que o homem ou a mulher são obrigados a desempenar a fim de manter uma relação absurda. É possível fugir desses papéis e estereótipos fixos, mas algumas pessoas preferem recair na velha estrutura em vez de enfrentar a liberdade; é menos assustador do que encarar a vida de maneira madura.

Moisés tornou-se um homem livre. Toda a esfera de sua personalidade estava sendo expressa em sua vida. Seu egocentrismo foi substituído por uma tremenda força do ego que o capacitou a falar com Deus "face a face". Mas sua liberdade não deve ser confundida com libertinagem. Moisés era livre desde que servisse a Deus. Seu ego era o servo da Vida e da Vontade Maiores que havia dentro dele. Ele deixou para trás, na terra de Madiã, o princípio do prazer pessoal e o estilo hedonista de vida quando partiu para libertar seu povo do Faraó. Se queremos licença para viver todos os nossos caprichos e desejos, precisamos compreender que isto não é liberdade, mas apenas outra versão do egocentrismo e da escravidão. O Livro de Oração Comum expressa isto muito bem quando, a falar de Deus, diz: "...cujo serviço é perfeita liberdade".

A liberdade nos apresenta tremendas exigências. A maioria de nós, como Moisés, resiste ao chamado à vida livre. Ele era um herói relutante, que se tornou livre quando temeu a Deus mais do que temia o Faraó. Também para a maioria de nós é assim que será. Nós não abandonaremos nosso conforto, nossa segurança e os prazeres de uma vida egocêntrica enquanto não formos forçados por Deus a fazê-lo. Então, com relutância, podemos iniciar nossa jornada para libertar-nos do Egito de nosso Faraó pessoal. Mas no fim somos felizes por tê-lo feito. Olhamos para trás, para nossa vida antiga no agradável subúrbio de Madiã, e nos alegramos por tê-lo abandonado a fim de para enfrentar as fadigas da jornada. Porque uma jornada com Deus é a única fonte real de satisfação que existe; e uma vida de liberdade, por mais exigente que seja, é a única vida digna de ser vivida.

Parte IV

Em defesa de
Adão e Eva

11 O que é um mito?

Nossos estudos sobre Jacó, José e Moisés mostraram padrões semelhantes em suas vidas. É como se houvesse um destino esperando por cada um deles e este destino se tivesse cumprido quando seu egocentrismo foi eliminado e suas vidas se organizaram em torno de um Centro divino. Isto os envolveu num contínuo crescimento na consciência e numa expansão da personalidade. A Bíblia como um todo, e não apenas estas histórias selecionadas, pode ser entendida como o desdobramento do desenvolvimento psicológico e da consciência espiritual da humanidade. Como começou este processo é o ponto de interesse da próxima história que vamos considerar: a história de Adão e Eva.

A Bíblia contém duas diferentes histórias da criação. A primeira história está no primeiro capítulo do livro do Gênesis e a segunda, a história de Adão e Eva, começa em Gênesis 2,4. A primeira história é sofisticada e filosófica. Obviamente algumas mentes aguçadas inventaram esta exposição poética e marcante da maneira como Deus se ocupou criando a terra. É também uma versão muito posterior, que se pensa ter sido escrita pela classe sacerdotal por volta do ano 600 a.c. Em comparação, a história de Adão e Eva é primitiva e infantil e certamente muito mais antiga. Na verdade, ninguém sabe quando surgiu esta antiga história da criação. Deve ter circulado oralmente muito antes de alguém ter pensado em pô-la por escrito.

Mas, apesar da natureza infantil da história da criação de Adão e Eva, é a história que teve a maior influência. Todos nós admiramos a beleza do relato de Gênesis 1, mas foi a história do Jardim do Éden que cativou nossa imaginação e moldou nossa psicologia.

A força da história do Jardim do Éden vem de sua qualidade mítica. Gênesis 1 soa como uma espécie de declaração científica, mas a história de Adão e Eva é obviamente um mito. Em nossa cultura, chamar alguma coisa de mito é, na mentalidade de muitas pessoas, depreciar a história. Um mito, para a maioria de nós, significa algo que é ilusório, absurdo ou falso. Esta visão do mito provém de nossa ignorância acerca do sentido da mitologia e é sumamente infeliz, porque um mito é uma forma particular de história que transmite verdades psicológicas e espirituais vigorosas. Consideremos por um momento o que está envolvido num mito, começando com um rápido olhar para duas ideias correntes sobre a mitologia e depois considerando a contribuição da psicologia para nossa compreensão.

A visão predominante sobre a mitologia é que ela é uma espécie de pré-ciência, ou seja, um conhecimento anterior à ciência. Supõe-se comumente que as pessoas primitivas procuravam explicar as coisas por meio de mitos antes de disporem da ciência, o que é, portanto, uma espécie de maneira infantil e pré-científica de pensar e é inútil para pessoas modernas com seu desenvolvimento intelectual superior.

O homem que lutou com Deus

A segunda visão da mitologia é que os mitos são elaborações de fatos históricos. Hércules, por exemplo, pode ter sido um indivíduo que viveu realmente em certa época, que realizou certas coisas heroicas em sua vida e em torno do qual a imaginação acabou tecendo uma fantástica rede de contos.

No entanto, a psicologia vê na mitologia manifestações vindas do inconsciente acerca de nossos processos psicológicos mais profundos. O ponto de vista psicológico entende os mitos como representações formuladas espontaneamente – em forma de histórias – de padrões universais de desenvolvimento psicológico que não alcançaram a consciência. Os mitos, portanto, são a linguagem dos arquétipos. São histórias nas quais são retratados os desenvolvimentos universais, ou arquetípicos, que ocorrem na psique. Não são inventados conscientemente; ou seja, ninguém sentou para planejá-los, mas eles encontraram seu caminho para a consciência a partir do inconsciente, talvez evoluindo ao longo de muitos anos, mas sempre sendo moldados essencialmente pelo imaginário do mundo interior. Os mitos são para a raça humana como um todo o que os sonhos são para o indivíduo: representações pictóricas do que está ocorrendo na alma.

O aspecto arquetípico dos mitos explica sua universalidade. Os estudiosos da mitologia descobrem que os motivos mitológicos são os mesmos em todo o mundo. O elenco dos personagens tem diferentes nomes, os cenários culturais são diferentes, mas os motivos mitológicos são surpreendentemente semelhantes. Um estudioso da mitologia, por exemplo, Joseph Campbell, colecionou histórias do herói do mundo inteiro. Ele as achou tão surpreendentemente semelhantes que deu a seu livro o título de *The Hero with a Thousand Faces* (*O herói de*

148   Coleção Reflexões Junguianas

mil faces) e designa a história do herói como o grande "Mono-Mito". Entendido psicologicamente, o mito do herói tem a ver com o surgimento do ego a partir da matriz da inconsciência original e com o desenvolvimento do ego de acordo com a força da personalidade total.

Tendo entendido isto, nossa atitude em relação ao mito pode mudar. Os mitos podem então ser avaliados como histórias extraordinariamente valiosas, que expressam verdades acerca da situação psíquica e espiritual do homem. Os mitos são especialmente importantes já que se mostrou que cada indivíduo hoje repete, em seu próprio desenvolvimento psicológico, todos os progressos evolutivos da humanidade. Uma pessoa moderna deve passar por um desenvolvimento do ego análogo ao desenvolvimento pelo qual passaram as pessoas primitivas ao longo de muitos séculos. Assim os mitos têm uma maneira de reaparecer na vida das pessoas hoje. Às vezes encontramos indivíduos que estão vivendo um determinado mito. Muitas vezes encontramos elementos de mitologias em nossos sonhos; na realidade, uma compreensão dos sonhos é impossível sem uma fundamentação na mitologia. Longe de ser insignificante, uma compreensão adequada do mito é essencial para uma compreensão da alma humana, tanto passada quanto presente.

Chamar de mito a história de Adão e Eva, portanto, não é de modo algum depreciá-la, mas antes considerá-la um tipo singularmente importante de história. Não precisamos preocupar-nos com a historicidade da história; o importante são as verdades psicológicas e espirituais que podemos esperar que dela surjam. É para nós um mito especialmente importante, porque trata da questão mais fundamental da vida humana: a relação do homem com Deus, o papel do mal na vida, a razão por trás da existência dolorosa do homem e a maneira como a consciência humana começou a desenvolver-se.

Para abordar esta história de maneira correta, no entanto, precisamos deixar que a história nos fale. Isto é um pouco difícil de fazer, já que a maioria de nós já esteve exposta a uma grande quantidade de teologização a respeito dela. Precisamente por causa de seu marcante caráter mítico, esta história fascinou a mente humana por milhares de anos e foram feitas inúmeras interpretações desta história. Sem dúvida estamos familiarizados com a visão predominante da história: que ela fala do pecado original de desobediência a Deus e da maneira como o primeiro homem e a primeira mulher introduziram o mal na vida humana. Esta visão, que podemos chamar de visão tradicional, é amplamente aceita, mas não é a única maneira de entender a história. De maneira sucinta comentarei algumas outras interpretações da história.

Precisamos lembrar que a história como tal não contém nenhuma interpretação; na Bíblia, a história é simplesmente contada. Ela tem o mesmo *status* de um sonho. Um sonho se manifesta diante de nossos olhos; cabe a nós prestar atenção cuidadosamente ao sonho e ser fiel a cada detalhe, a fim de que a interpretação correta do sonho possa evoluir em nossa mente. A história de Adão e Eva é quase a mesma coisa que um sonho. À maneira de um sonho, ela se desdobra diante de nossos olhos. Cada detalhe é importante. Não nos oferece uma interpretação fixa, mas nos convida a avaliar seu sentido. Com esta perspectiva a nos guiar, examinemos novamente este antigo conto, e vejamos se ele nos falará novamente sobre nossas situações psicológicas e espirituais e sobre a antiga e crucial questão de nossa relação com Deus.

12 O homem original

De acordo com nossos antigos contadores de histórias, a primeira coisa que Deus criou foi um homem. Ele o formou a partir do pó da terra e depois insuflou nas narinas do homem o sopro da vida e desta maneira o homem se tornou um ser vivente.

Este homem original é um ser composto. Sua natureza é do pó da terra, mas ele é vivificado pela presença do sopro do próprio Deus nele. Matéria e espírito, terra e céu, o mortal e o Divino são assim misturados para formar este primeiro homem. A imagem usada pelo relato é antropomórfica: Deus, como um grande gigante, moldando uma estatueta com suas mãos e depois, com seu sopro, insuflando a vida na figura semelhante a um boneco. Mas a verdade espiritual é profunda: o homem é feito de um par de opostos.

Em seguida, Deus planta um jardim no qual o homem por ele feito poderá viver. O jardim se situa num local notável chamado Éden. Encontrava-se no jardim todo tipo de belas árvores e frutos e do jardim nascia um rio, que se ramificava nas quatro direções para formar quatro rios que regavam toda a terra ao redor. O jardim tinha um ponto central e ali estavam duas árvores especiais: a árvore da vida e a árvore do conhecimento do bem e do mal.

O Jardim do Éden é um mandala, por causa de seu ponto central com as árvores notáveis e o rio que nasce dele. Um mandala é um desenho concêntrico que representa ou simboliza a plenitude. Num mandala tudo está agrupado ao redor de um centro. A forma do mandala é circular ou, às vezes, quadrada. Num círculo, cada ponto na circunferência é equidistante do centro, de modo que a forma do círculo sugere equilíbrio e completude.

Os mandalas são representados na arte religiosa em todo o mundo. Muitas igrejas cristãs, por exemplo, têm mandalas na forma da chamada Rosa dos Ventos, de desenho circular. Por causa da forma de mandala do jardim deparamos imediatamente com a sugestão de que a história trata da plenitude – como o homem estava originalmente dentro do jardim, mas depois se afastou dele.

As árvores são de especial interesse para nós. A árvore da vida é algo com o qual estamos familiarizados a partir de nosso estudo das tradições mitológicas. No xamanismo, por exemplo, como observamos acima, existe uma árvore no centro da terra. Ela é conhecida como Árvore Cósmica e vai da terra até o céu. O xamã, que sabe como encontrá-la, usa-a para subir a fim de comunicar-se com o mundo espiritual. A árvore do conhecimento do bem e do mal, porém, ocupa a linha de frente da história do Jardim do Éden. Ela se torna o ponto focal porque é a única coisa no jardim que é proibida. O homem pode comer do fruto de qualquer uma das árvores do jardim, exceto do fruto desta, porque Deus disse que, no dia em que dele comer, ele há de morrer.

O homem tem um belo lugar para morar, mas se sente solitário no jardim, de modo que Deus cria os animais selvagens e os pássaros do céu. Cada um deles é trazido ao homem para ele dar-lhe um nome, o que deve ter sido bastante divertido para ele; mas, quando tudo isso terminou, nenhuma destas criaturas selvagens é considerada um companheiro adequado para ele. Por isso Deus faz o homem cair num sono profundo e, tomando uma de suas costelas, faz dela uma mulher.

Evidentemente o conto é narrado a partir de uma perspectiva masculina. Uma mulher me contou outra versão: No princípio Deus fez o homem. Depois disse consigo mesmo: "Posso fazer algo melhor do que isso". Por isso, fez Eva! O importante a notar, no entanto, é que o primeiro homem, que podemos chamar de Adão (que significa "homem"), era andrógino[24], ou seja, masculino e feminino ao mesmo tempo.

Já observamos em nossos estudos sobre Jacó, José e Moisés, que cada homem contém um elemento feminino e cada mulher contém um elemento masculino, de modo que a personalidade completa é masculina e feminina. A mitologia alude a este fato psicológico em suas muitas descrições de um homem original, que era ao mesmo tempo masculino e feminino. No caso de Adão, Eva está contida nele e foi transformada num ser separado a fim de ele não ficar sozinho. A Bíblia acrescenta: "Por isso, um homem deve deixar seu pai e sua mãe e unir-se à sua mulher e os dois se tornarão um só corpo" (Ef 5,31-32). A imagem é a de que as duas metades estão em busca uma da outra a fim de restaurar uma totalidade perdida. O homem procura a mulher e a mulher procura o homem, como se estivessem em busca de sua completude perdida. Por isso, São Paulo se refere à união do masculino e do feminino na sexualidade como um "mistério".

---

24. Do grego: *andros* = homem, e *gynê* = mulher.

É uma maneira de dizer que a imagem da psique, que está por trás do desejo sexual, é o anseio de plenitude.

Este motivo do ser humano andrógino é encontrado em mitos do mundo inteiro. Platão nos dá um bom exemplo no *Banquete*. De acordo com o antigo mito grego a respeito do qual Platão nos fala, a pessoa original "era redonda, suas costas e lados formando um círculo; e tinha quatro mãos e quatro pés, uma cabeça com duas faces, olhando para lados opostos [...] e quatro orelhas, dois órgãos genitais e assim por diante". Estes seres esféricos originais revelaram-se tão fortes que chegaram a desafiar os deuses em busca de supremacia. E Zeus, para humilhá-los e assegurar a supremacia permanente dos deuses, cortou-os em dois. Das metades separadas surgiram o homem e a mulher, como os conhecemos; mas estes dois seres foram imediatamente assediados pelo mais terrível anseio de restabelecer sua totalidade. Diz Platão: "Cada um de nós foi separado. Ter apenas um lado [...] não é senão um recorte de homem e ele está sempre em busca de sua outra metade"[25].

Encontramos o mesmo pensamento no antigo livro chinês de oráculos, o *I Ching*, quando se refere às "duas almas atuantes no corpo do homem, uma masculina e a outra feminina"[26]. Destas duas naturezas, o masculino é o princípio ativo, claro, e o feminino é o princípio descendente, escuro. Se na morte do corpo o ego não conseguiu reunir estas duas metades de uma totalidade, a parte masculina voa para uma breve estadia no céu e a parte feminina é dissolvida de volta na terra.

Também os poetas e filósofos apossaram-se deste mistério da natureza andrógina original do homem. Consideremos a

---

25. Extraído de *Plato*. The Modern Library, p. 355.

26. Charles Poncé. *The Nature of The I Ching*, p. 42-43.

seguinte citação do filósofo religioso russo Nikolai Berdyaev[27]: "O homem não é só um ser sexual, mas também um ser bissexual, que combina em si mesmo o princípio masculino e o princípio feminino em proporções diferentes e muitas vezes em feroz conflito. Um homem no qual o princípio feminino estivesse completamente ausente seria um ser abstrato. [...] Uma mulher na qual o princípio masculino estivesse completamente ausente não seria uma personalidade. [...] Só a união destes dois princípios é que constitui um ser humano completo. Sua união é realizada em cada homem e em cada mulher dentro de sua natureza andrógina bissexual e ocorre também através da intercomunhão entre as duas naturezas, a masculina e a feminina".

Agora que Adão está feliz com sua companheira, Eva, e o problema de sua solidão está resolvido, Deus os deixa sozinhos no jardim para se deleitarem. Eles podem, como observamos, fazer tudo o que lhes agradasse, menos comer do fruto da árvore do conhecimento do bem e do mal. Tudo poderia ter corrido bem, mas havia no jardim, junto com Adão e Eva, uma criatura extremamente astuta: a serpente. No mesmo momento em que Deus sai de cena, a serpente se aproxima de Eva e lhe diz: "Disse Deus realmente que não devíeis comer de nenhuma das árvores do jardim?" Eva repete conscienciosamente as instruções de Deus: "Não deveis comer dela, nem tocá-la, sob pena de morte". A serpente exclama: "Não! Vós não morrereis! Na verdade, Deus sabe que, no dia em que dela comerdes, vossos olhos se abrirão e sereis como deuses, conhecendo o bem e o mal" (Gn 3,1-5).

---

27. Nikolai Berdyaev. *The Destiny of Man*. Harper Torchbook, p. 62-63.

O homem que lutou com Deus 155

Temos aqui, evidentemente, a famosa tentação, vinda da serpente, que causou a queda do homem. O problema, como muitos sugeriram, é que Adão e Eva não obedeceram a Deus. Se eles tivessem obedecido, tudo teria corrido bem e a criação perfeita de Deus não teria sido estragada nem teriam entrado na vida humana o pecado, a culpa e a morte. Mas um exame mais atento da história sugere que o motivo para Eva comer do fruto proibido não foi a desobediência como tal, mas a curiosidade, o desejo de conhecer e o desejo de poder, para "serem iguais a deuses".

Naturalmente Eva comeu do fruto proibido e, depois de comer, logo convenceu Adão a comer também. E precisamente como a serpente havia dito: "Então os olhos de ambos se abriram e perceberam que estavam nus" (Gn 3,7). Dizer "os olhos de ambos se abriram" sugere que uma luz se acendeu neles; eles se tornaram conscientes. Mas a consciência que adquiriram é dolorosa. Pela primeira vez dão-se conta de sua sexualidade; ficam envergonhados de seus corpos e costuram folhas de figueira para fazer roupas para si.

Pouco depois Adão e Eva ouvem o ruído de Deus andando pelo jardim. Com consciência pesada eles correm e se escondem. Logo que Deus percebe que o homem e a mulher estão se escondendo dele, nascem nele suspeitas. Ele pergunta a Adão: "Onde estás?" Adão responde: "Fiquei com medo, porque estou nu, e por isso me escondi". Desconfiado, Deus pergunta: "Quem te disse que estavas nu?" Provavelmente esta pergunta só encontrou silêncio. Deus continua: "Comeste da árvore da qual te proibi comer?" (Gn 3,9-11).

Agora acabou a brincadeira e Adão retruca com uma resposta muito humana: "Foi a mulher que me deste como companheira;

ela me deu o fruto e eu comi". Deus diz à mulher: "O que fizeste?" Eva responde baixinho: "A serpente me tentou e eu comi" (Gn 3,12-13). No entanto, se ela tivesse insistido, poderia ter apresentado um argumento convincente, porque *foi* a serpente que a tentou e foi Deus que pôs a serpente no jardim com ela.

Descoberto o pecado, Deus castiga o trio desobediente. A serpente é amaldiçoada mais do que todas as outras criaturas viventes e perde as pernas, ficando condenada a rastejar pelo chão, tendo o homem e a mulher como perpétuos inimigos. A mulher é condenada às dores do parto e a viver sob o domínio do homem. (Novamente a ênfase patriarcal.) O homem é condenado a uma vida de labuta e sofrimento. Não poderá mais passear simplesmente pelo jardim e colher o alimento de que precisa; agora deverá viver só com labuta e suor e grande esforço. E, por fim, o homem e a mulher irão morrer: "Pois viestes do pó e ao pó retornareis" (Gn 3,19).

Definitivamente, Deus tem o comando da situação; mas, como aconteceu com Zeus no conto grego, existe uma insinuação de que Deus tem medo deste estranho homem-criatura, agora que ele adquiriu seu próprio conhecimento do bem e do mal. Por isso Deus declara: "Eis que o homem se tornou como um de nós, com seu conhecimento do bem e do mal. Não posso tolerar que ele estenda a mão e apanhe também da árvore da vida e dela coma e possa viver para sempre" (Gn 3,22-23). Por isso Deus expulsa Adão e Eva do jardim. Eles são expulsos para sempre e, para garantir que não retornem para comer do fruto da árvore da vida, é colocado diante do portão um anjo com uma espada flamejante.

Esta é a história como a recebemos do livro do Gênesis. Como foi mencionado acima, não é dada nenhuma interpretação da história. Mas, naturalmente, as pessoas não conseguiram resistir e deram um sentido à história, de maneira semelhante como nós somos impelidos a interpretar nossos sonhos. Esta história é tão rica que surgiu não só uma interpretação, mas três interpretações diferentes, cada qual dando sua própria contribuição à nossa compreensão original. Poderíamos designá-las como: a interpretação cristã tradicional, a interpretação gnóstica/psicológica e uma terceira interpretação que gira em torno de um ponto sutil do pensamento judaico e pode ser chamada de interpretação sapiencial. Subjacente a todas elas, no entanto, como mostrarei, há um denominador comum.

De acordo com a visão cristã tradicional, a história mostra como o pecado e a morte entraram no mundo e como aconteceu que o homem ficou afastado de Deus e necessitado de redenção. Diz-se que a primeira causa de tudo isso foi a desobediência de Adão e Eva à ordem de Deus. Se eles tivessem simplesmente obedecido ao Senhor Deus, tudo estaria bem; mas, já que eles optaram por desobedecer-lhe, são castigados justamente, tornaram-se sujeitos à morte e foram expulsos do Jardim do Éden e da presença de Deus. De acordo com esta visão das coisas, Deus ficou surpreso e chocado com esta desobediência e agiu de acordo com os requisitos da justiça. Sua criação era boa e perfeita, mas as primeiras pessoas a estragaram por seu pecado original de desobediência. Assim toda a bondade é posta em Deus e a fonte do mal se encontra no homem.

No entanto, esta interpretação da história negligencia alguns traços vitais da narrativa. Precisamos lembrar que, se um mito é entendido adequadamente, todos os detalhes da história precisam encontrar seu lugar. Se alguma coisa fica inexplicada, precisamos questionar nossa explicação. Na ciência, por exemplo, se uma hipótese explica 99 dentre 100 fatos em consideração, mas não explica um só fato, sua validade precisa ser questionada. O mesmo vale para a interpretação do sonho; se nossa compreensão do sonho for correta, tudo no sonho é explicado por nossa interpretação. De modo que, se a interpretação tradicional da história de Adão e Eva omite alguns traços da história, é sinal de que a interpretação pode estar errando o alvo.

Consideremos, por exemplo, o castigo extremo que Deus aplica ao homem e à mulher: por causa de um ato de desobediência o homem e a mulher são condenados à morte e ao sofrimento e banidos para sempre do jardim. Isto parece um caso de "exagero" e não de satisfazer as exigências de justiça, especialmente porque a situação foi montada de tal maneira que Adão e Eva iriam quase certamente agir como agiram. Suponhamos que um pai ou uma mãe deixou duas crianças sozinhas em casa durante o dia inteiro, dizendo-lhes que podiam fazer tudo o que quisessem, menos abrir e inspecionar a geladeira, porque, se o fizessem, encontrariam algo muito interessante. Esse pai ou mãe não deveria ficar surpreso se, ao voltar para casa, descobrisse que as crianças fizeram exatamente o que lhes foi dito que não fizessem. Se o pai ou mãe então batesse nas crianças e as expulsasse de casa para sempre, podemos ter certeza que nossa simpatia se voltaria inteiramente para as crianças e não para o pai ou a mãe.

O castigo que Deus inflige a Adão e Eva é ainda mais difícil de compreender, quando interpretado da maneira tradicional, quando lembramos o papel da fala da serpente na história. O ato de desobediência começou por causa da voz sedutora da serpente. E quem pôs a serpente no jardim junto com o homem e a mulher? Nem mesmo os que aderem à visão tradicional afirmam que Adão e Eva são responsáveis por esta serpente. Deus criou todas as coisas e as pôs no jardim, inclusive a serpente, de modo que *ele* deve ser considerado responsável. Ou ele sabia o que a serpente iria fazer, e neste caso ele não pode pôr a culpa em Adão e Eva; ou houve uma falha em sua onisciência e ele deve ser censurado por ignorância.

Existe também a questão da terrível liberdade que Deus deu a Adão e Eva. Se ele realmente não queria que seu paraíso fosse perdido e que o pecado e a morte entrassem no mundo, ele não deveria ter dado tamanha liberdade de escolha às suas criaturas. Mas ele deu-lhes essa liberdade de escolha e, então, montou toda a situação de tal maneira que eles quase certamente iriam exercer essa liberdade de escolha comendo o fruto proibido.

Finalmente, como mencionamos acima, precisamos lembrar que o motivo de Adão e Eva, ao comer o fruto proibido, não foi a desobediência, mas a curiosidade e o desejo de poder. Eles comeram porque queriam *conhecer*. Quando a serpente lhes disse que o comer o fruto lhes daria o conhecimento do bem e do mal, eles comeram, porque desejavam o conhecimento. A curiosidade, o desejo de conhecer, pode ser um motivo nocivo, mas certamente pertence também à natureza do Divino. Adão e Eva também queriam poder, a fim de tornar-se iguais a deuses, por causa do poder que seu conhecimento lhes daria. Também o poder pode ser uma emoção destrutiva, mas é também o impulso existente dentro de nós que nos impele à expansão de nossas vidas e personalidades. Uma pessoa sem nenhum anseio de poder é um frouxo e um zé-ninguém.

Com efeito, Deus criar seres curiosos como o primeiro homem e a primeira mulher, colocá-los num paraíso com o dom da livre-vontade, mostrar-lhes este milagroso fruto, estimular sua curiosidade colocando uma tentadora serpente com eles, sair e deixá-los sozinhos e depois ficar surpreso com o que eles fizeram e fazer um escarcéu a respeito disso – é uma interpretação que certamente não faz justiça a esta sutil narrativa.

Não nos causará surpresa descobrir que existe outra interpretação desta história além da interpretação tradicional. Por exemplo, houve nos tempos antigos um grupo de pessoas que fez uma reviravolta em todo o elenco dos personagens. Os naassenos ou ofitas eram um grupo de gnósticos que floresceu no início da era cristã e que considerava proveitoso o fato de Adão e Eva terem comido o fruto proibido, porque isto lhes deu o dom do conhecimento. Eles viam Javé não como um deus bom, mas como um demiurgo mau, que mantinha o homem e a mulher numa ignorância opressiva. Para eles o Deus da bondade e da luz se encarnou na serpente e estimulou o homem e a mulher a comer o fruto proibido a fim de libertá-los das trevas e da ignorância. Derivam seu nome "naassenos" ou "ofitas" de sua veneração pela serpente, sendo que a palavra que designa a serpente em latim é "naas" e em grego "οφυς".

A interpretação naassena nos estimula a considerar o lado positivo desta história. Era melhor para Adão e Eva permanecer para sempre no paraíso do Éden? Ou era melhor para eles deixar o jardim com seu doloroso dom do conhecimento? Se o homem e a mulher não tivessem comido o fruto, talvez tivessem sido eternamente felizes, mas também teriam levado uma vida moralmente e espiritualmente sem sentido, porque não teria ocorrido nenhum desenvolvimento psicológico ou espiritual. Quando Adão e Eva deixaram o jardim, começaram também seu desenvolvimento espiritual. Com efeito, o pecado e o mal

O homem que lutou com Deus

entraram na vida humana, mas estes parecem ser ingredientes essenciais num mundo que é moralmente significativo e no qual pode ocorrer o crescimento espiritual.

Não pode haver crescimento moral sem um mundo onde haja opostos conflitantes e escolhas morais a serem feitas. Este é aparentemente o motivo por que Jesus nunca questiona a necessidade do mal. Embora o tenha enfrentado a todo momento e lutado para impedir que o homem caísse sob seu domínio, ele nunca questionou a necessidade de sua existência. Porque, sem o mal, não haveria escolha e sem escolha nenhum crescimento moral ou espiritual seria possível. Evidentemente, para Deus o desenvolvimento da alma e do espírito humanos tem mais valor do que a mera felicidade.

Pode-se argumentar que a maneira como a história é construída sugere que tudo foi planejado para acontecer da maneira como de fato aconteceu. Deus colocou a serpente no jardim de propósito. Ele sabia o que iria acontecer e esperava que Adão e Eva comeriam do fruto proibido. Era necessário que eles cometessem este pecado a fim de poderem iniciar seu penoso processo de desenvolvimento psicológico e viver num mundo que fosse moralmente significativo. O castigo infligido por Deus a Adão e Eva foi muito mais do que um cumprimento do requisito de justiça. Fazia parte do plano de Deus que os seres humanos pudessem iniciar sua penosa jornada espiritual ao longo da vida; caso contrário, o homem e a mulher teriam permanecido idiotas morais felizes.

Do ponto de vista psicológico, o que aconteceu a Adão e Eva foi que eles desenvolveram um ego autorreflexivo consciente. Até o momento em que comeram o fruto eles estavam confinados na plenitude inconsciente da natureza. A natureza, deixada aos seus mecanismos, é completa. Não existe bem ou mal na natureza, porque tudo se cumpre instintivamente. Um tigre na floresta não é culpado quando apanha sua presa, porque ele está simplesmente sendo um tigre; é o que os tigres fazem e suas ações não têm significado moral. Mas as pessoas são diferentes, porque elas têm o dom da consciência com seu poder de autorreflexão. Nós não somos uma parte inconsciente da natureza como outras formas de vida. Temos o dom do discernimento psicológico e da responsabilidade moral, que na história é representado como o poder de discernir o bem e o mal. Podemos escolher alternativas na vida e nossa consciência, com sua liberdade admirável e terrível, nos separa para sempre da plenitude paradisíaca da natureza.

É o dom da consciência, simbolizado na história pelo comer do fruto proibido, que nos expulsa do paraíso. A consciência agora se opõe ao inconsciente. O bem e o mal existentes dentro de nós se engalfinham um contra o outro. O masculino e o feminino disputam. Foi-nos imposto o terrível fardo que Robert Louis Stevenson chamou de "nossa dualidade consumada e primitiva"[28]. Já não existe a possibilidade de um retorno ao confinamento original na natureza. O anjo com a espada flamejante está ali para impedir-nos de retornar. Não podemos fugir de nosso destino.

A terceira interpretação foi compartilhada comigo por Pe. Andrew Miles, do mosteiro beneditino de Pecos, no Novo México. Devo a Pe. Miles muito do que vem a seguir.

Nós já examinamos o que podemos chamar de interpretação cristã/teológica da história de Adão e Eva e interpretação

---

28. Robert Louis Stevenson. *Dr. Jekyll and Mr. Hyde*, p. 526 de seus "Escritos seletos" na edição da Modern Library.

O homem que lutou com Deus

gnóstico/psicológica. Agora chegamos à terceira interpretação, que chamarei de interpretação sapiencial, um ponto de vista que respeita os aspectos mitológicos, históricos e psicológicos da história.

De acordo com este ponto de vista, a história de Adão e Eva pertence ao gênero do mito e, por isso, deve ser abordada simbolicamente. Mas ela não é puro mito, porque a pessoa ou as pessoas desconhecidas (que doravante chamaremos de redator) que incluíram esta história na narrativa do Gênesis tinham em mente uma intenção consciente quando a utilizaram. Portanto, para fazer justiça à história, precisamos ter em mente não só sua estrutura simbólica, mas também a intenção do redator.

Um mito é o produto da mente inconsciente; por isso, seu sentido pleno vai além do presente estado de consciência não só dos que leem o mito, mas também dos que contam o mito. No entanto, quando se compreende o simbolismo do mito, tornam-se conscientes sentidos que estavam escondidos. No entanto, a história do primeiro homem e da primeira mulher não é puro mito, porque a intenção consciente do redator foi a de incluir esta história no que para ele seria um documento histórico que registrava as origens e a história primitiva da raça humana desde Adão e Eva, passando por Abraão e José, até chegar a Moisés. Com efeito, a história de Adão e Eva é apenas uma das numerosas histórias contidas nos primeiros onze capítulos do Gênesis, que explicam a história que está por trás de várias circunstâncias e tradições existentes no tempo do redator. Assim o elemento mítico/simbólico e o elemento intencional/histórico estão entrelaçados na história do Jardim do Éden e ambos precisam ser levados em consideração.

É sob esta ótica que devemos entender a presença da serpente no jardim. A visão gnóstica/psicológica, como vimos, vê a serpente como um símbolo do impulso para a consciência e a individuação. O ponto de vista cristão tradicional vê a serpente como uma personificação do demônio que tenta a humanidade para levá-la a pecar, insistindo na desobediência a Deus[29]. A interpretação sapiencial procura ver a serpente da maneira como o autor da história a via e conclui que a serpente não personifica o anseio de simples desobediência como tal, mas a tentação de ceder a práticas abomináveis correntes no tempo, que eram consideradas intrinsecamente más e, por isso, antitéticas a Deus. Estas práticas ilícitas ofereciam ao povo de Israel uma espécie de conhecimento que era atingido através de métodos maus e a serpente estava associada com estas práticas. Lemos, por exemplo, em Deuteronômio 18,9-12: "Quando tiverdes entrado na terra que Javé vosso Deus vos dá, não deveis cair no costume de imitar as práticas detestáveis dos nativos. Nunca deve haver entre vós alguém que faça seu filho ou sua filha passar pelo fogo, que pratique a adivinhação, que faça presságios, oráculos, feitiçaria ou magia, que pratique encantamentos, consulte espíritos ou invoque os mortos. Porque o homem que fizer estas coisas é abominável diante de Javé vosso Deus".

A razão para estas práticas serem detestadas é que a maioria delas envolvia e usurpava os direitos e prerrogativas divinas a fim de levar a cabo propósitos egocêntricos humanos. A feitiçaria, por exemplo, envolvia a utilização do poder espiritual divino para o propósito maligno de obter um poder sobre as pessoas que só Deus deveria possuir. A adivinhação pretendia

---

29. Entre as outras referências à serpente como uma personificação do princípio do mal estão Sb 2,24 e Ap 20,2.

ser um método de conhecer o futuro para proveito pessoal, mas o conhecimento do futuro era considerado prerrogativa de Deus. Invocar os espíritos dos mortos era entendido como perturbar a ordem divina de separação entre a terra dos viventes e a morada dos mortos, com a finalidade de obter conhecimento a partir de uma fonte que não é o próprio Deus. Uma das palavras hebraicas para designar estes atos é "menahesh", um termo relacionado com a palavra hebraica "nahash", que é a palavra usada para designar a serpente na história do Jardim do Éden. Assim a serpente pode ser considerada um símbolo do desejo de obter conhecimento através de meios ilícitos e para objetivos maus. Consideraremos sucintamente os efeitos deste conhecimento ilícito.

No entanto, nem sempre a serpente na Bíblia é um símbolo negativo. Com efeito, a serpente pode simbolizar também o poder de Deus. Assim, quando o povo de Israel foi mordido por serpentes no deserto, eles foram curados pela serpente de bronze que Moisés pendurou num poste diante deles (Nm 21,9). O autor do quarto Evangelho compara o próprio Jesus a esta serpente curadora (Jo 3,13-14). Em Êxodo 7,8-13 vemos a serpente utilizada para personificar tanto o anseio mau de poder e conhecimento ilícitos quanto o poder legítimo de Deus. Neste relato Moisés e Aarão enfrentam o Faraó e surge uma disputa entre eles e os feiticeiros do Egito. Deus manda Aarão lançar seu cajado diante do Faraó; ele o faz e o cajado se transforma numa serpente. Então os feiticeiros e magos do Egito lançam seus cajados no chão e também estes se transformam em serpentes. Mas a serpente de Aarão engole as serpentes dos egípcios. Esta história mostra que existe um método verdadeiro de poder e conhecimento e um método mau. O objetivo da narrativa do

Jardim do Éden é mostrar que a humanidade escolheu o método ilícito de atingir o conhecimento.

Mas não é bom qualquer conhecimento, independentemente da maneira como é alcançado? A abordagem psicológica gnóstica, com sua ênfase em conhecer e tornar-se consciente, parece realçar que este conhecimento, independentemente da maneira como se chega a ele, é desejável. A interpretação sapiencial diz que existe uma diferença entre conhecimento obtido corretamente e conhecimento obtido ilegalmente e esta diferença é representada na história das duas árvores: a árvore da vida e a árvore do conhecimento do bem e do mal.

É significativo que o autor do nosso relato não considere necessário informar seus leitores sobre estas duas árvores. Evidentemente ele tinha algum motivo para supor que os que iriam ler a história saberiam a diferença moral entre a árvore da vida e a árvore do conhecimento do bem e do mal.

É um tema predominante da literatura sapiencial e da tradição deuteronômica do Antigo Testamento que a vida deve ser encontrada obedecendo aos mandamentos de Deus e observando seu ensinamento ou Torá[30]. Em diversos lugares este ensinamento que dá vida é mencionado como sendo a árvore da vida. Assim em Provérbios 3,18 se diz que a sabedoria de Deus é "uma árvore de vida para aqueles que nela se agarram firmemente"[31]. Vale a pena notar também que, nos primeiros séculos do cristianismo, a Cruz de Cristo era constantemente mencionada como "a árvore", porque concedia vida aos crentes.

Quanto à árvore do conhecimento do bem e do mal, a visão gnóstica/psicológica, como vimos, considera que o ato

---

30. Cf. Dt 30,15-20; Pr 4,4.10.13.
31. Cf. Pr 11,30; 13,12; 15,4.

de Adão e Eva comerem deste fruto é um ato de tornar-se consciente; diz-se que isso representava o início da dolorosa entrada da humanidade na consciência moral e psicológica e um afastar-se do confinamento inconsciente numa existência puramente natural. No entanto, esta conclusão deixa de levar em consideração dois fatos. Em primeiro lugar, o texto não diz que comer do fruto da árvore do conhecimento do bem e do mal capacitaria Adão e Eva a conhecer o bem *a partir* do mal, mas a conhecer o bem *e* o mal. Bem *a partir* do mal é uma disjuntiva e implica desenvolvimento moral; bem *e* mal é um coletivo e implica uma participação no mal. Denota, em outras palavras, uma atitude de que "tudo é permitido" e, por conseguinte, uma falta de discernimento moral. Em relação com isto, é interessante que em 2Coríntios 11,3, ao referir-se à serpente que seduziu Eva, Paulo usa, para descrever a serpente, o adjetivo grego "πανουργος", que significa literalmente: "pronto para fazer qualquer coisa" (embora seja traduzido geralmente por "astuto" ou "sagaz").

Em segundo lugar, negligencia o fato de que a maneira judaica de conhecer, no Antigo Testamento, era através da experiência concreta. Deus era conhecido porque ele se deu a conhecer através de seus atos. Para os gnósticos, Deus era conhecido através da especulação metafísica ou da contemplação mística. Para os gregos, Deus podia ser conhecido através da razão dedutiva e da intuição direta; portanto, alguém podia adquirir um conhecimento abstrato ou conceitual de Deus. Para eles, conhecedor e conhecido podiam estar separados um do outro, um sendo o sujeito e o outro o objeto do conhecimento. Não era assim para os judeus da época do Antigo Testamento, para os quais o conhecimento era adquirido por experiência direta de suas ações salvíficas: "Dize, portanto, aos filhos de Israel: 'Eu sou Javé. Eu vos livrarei dos fardos impostos a vós pelos egípcios. Eu vos libertarei da sua escravidão. [...] Eu vos adotarei como meu povo e serei o vosso Deus. Assim sabereis que fui eu, Javé vosso Deus, quem vos libertou dos fardos impostos pelos egípcios'"[32].

Este uso da palavra "conhecer/saber" pode encontrar-se também em nossa língua. Por exemplo, se um homem não teve relações com uma mulher, diz-se que ele não a "conheceu". Diz-se que uma virgem "não conheceu um homem". Neste uso está claro que a experiência íntima com um membro do sexo oposto confere seu tipo próprio de conhecimento.

A palavra hebraica do relato do Gênesis traduzida como "conhecer" é a palavra *yada*, que denota exatamente este tipo de conhecimento através da experiência. Comer do fruto da árvore do conhecimento do bem e do mal, portanto, equivale a fazer o mal a fim de conhecê-lo. Isto implica que é prerrogativa humana assumir o que pode ser feito na vida e o que não pode ser feito. Esta é uma *hybris* do ego que o leva a ignorar os limites, estabelecidos por Deus, entre o que é permissível e o que não é permissível.

A visão gnóstica/psicológica poderia argumentar que todas as coisas são permissíveis se levam à meta desejável do conhecimento, porque o conhecimento ilumina e salva, enquanto a ignorância põe obstáculos. Pode-se salientar, em defesa desta visão, que as pessoas precisam de experiências a fim de chegar à consciência e à compreensão. As pessoas que procuram levar uma vida totalmente segura não têm experiências suficientes

---

32. Ex 6,6-7; cf. Sl 77; Js 4,24; Ex 7,4-5.17-18.

O homem que lutou com Deus

e, por isso, não se desenvolvem adequadamente. Toda a vida é uma vida na qual se deve correr algum risco. Talvez seja por isso que Martinho Lutero declarou certa vez que um pequeno pecado é bom para a alma. Foi certamente por este motivo que Jesus falou em defesa da mulher de má reputação que lhe lavou os pés com suas lágrimas e depois os enxugou com seus cabelos. Ele disse, referindo-se a ela, ao justo fariseu Simão: "O homem a quem pouco se perdoa, mostra pouco amor"[33].

Mas esta abordagem pode ser levada longe demais e é isto que a narrativa do Jardim do Éden está dizendo. Certas experiências na vida nos são proibidas por serem más. Entregar-se a elas pode levar a um tipo de conhecimento acerca da experiência, mas impossibilitará o conhecimento real e inclusivo, porque estas experiências cegam a alma. Participar do mal nos macula moralmente e destrói nossas faculdades de verdadeiro conhecimento. Esse conhecimento, portanto, não pode iluminar-nos e levar-nos à individuação. Por essa razão algumas coisas na vida são proibidas; entregar-se a elas seria trocar o conhecimento de Deus pelo conhecimento que nos corrompe a partir de dentro.

O soldado nazista que mata pessoas inocentes nas câmeras de gás nos campos de concentração não chega ao conhecimento através de sua experiência. Pelo contrário, suas faculdades morais ficam tão embotadas e obscurecidas que ele se torna incapaz de chegar a alguma coisa que poderia ser chamada conhecimento de Deus. Ele se torna incapaz do conhecimento de Deus. Este tema foi explorado pelo romancista Dostoievsky em seu livro *Crime e castigo*. O protagonista Raskolnikov de

---

33. Lc 7,47.

Dostoievski assassina uma mulher indefesa a fim de saber o que é fazer uma coisa destas. Ele fica sabendo, mas descobre também que sua alma é atormentada e que ele semeou as sementes de sua própria destruição.

No romance *The Picture of Dorian Gray* [*O retrato de Dorian Gray*], de Oscar Wilde, é desenvolvido mais ou menos o mesmo tema. Um artista fica encantado com a extraordinária beleza do jovem Dorian Gray e pinta um quadro notável dele. Mas este não é um retrato comum, porque o quadro absorverá todas as manchas produzidas em nós pela idade e pelos malfeitos de nossa vida e que mudam nossas feições juvenis e cheias de frescor. O jovem percebe que o quadro lhe possibilita entregar-se a quaisquer pecados que ele fantasiar, porque o efeito destes pecados não será visto pelos outros em seu rosto, mas apenas no quadro, que, evidentemente, ele guarda escondido dos outros. À medida que ele se entrega a transgressões cada vez mais hediondas, seu quadro se torna cada vez mais feio e repelente. Embora os outros ainda o vejam como um jovem intacto, o quadro é a verdadeira representação do estado de sua alma.

Por isso a interpretação sapiencial diz que, quando Adão e Eva comeram o fruto da árvore do conhecimento do bem e do mal, eles experimentaram o mal e, assim, ficaram corrompidos por ele. Por isso, depois de eles comerem o fruto, não lemos que eles tiveram uma grande iluminação, mas que experimentaram vergonha e culpa. É por isso que Deus também não lhes permitiu comer o fruto da árvore da vida, porque em sua condição corrompida não estavam aptos a participar dele. É verdade que o próprio Deus conhece o bem e o mal, já que diz: "Eis que

O homem que lutou com Deus

o homem se tornou igual a nós[34], com seu conhecimento do bem e do mal" (Gn 3,22). Mas o que é permissível a Deus nem sempre é permissível à humanidade. Existem limites que o ego humano precisa observar; caso contrário, no esforço por assumir as prerrogativas divinas, caminhamos para nossa destruição.

Os efeitos de ceder ao mal, para os quais o relato do Jardim do Éden nos alerta, foram claramente malévolos. Nós não chegamos ao conhecimento, mas nos tornamos mentalmente cegos e incapazes do verdadeiro conhecimento. Nós nos tornamos "iguais a Deus" só na medida em que ultrapassamos as fronteiras proibidas que são prerrogativas de Deus. Assim nós não estabelecemos uma relação com Deus, mas perdemos a relação com ele. E nossa natureza originalmente divina se torna corrompida, como se diz claramente em Sabedoria 2,23-24:

> Ora, Deus criou o homem incorruptível
> e o fez imagem de sua própria natureza;
> foi a inveja do diabo que introduziu a morte no mundo
> e os que são de seu partido a experimentarão.

Não obstante, Deus colocou ambas as árvores no jardim e também permitiu que a serpente estivesse no jardim. De acordo com o mandamento de Deus, Adão e Eva não deviam comer do fruto da árvore do conhecimento do bem e do mal, mas a voz tentadora da serpente lhes apresenta um plano diferente. A serpente pode ser entendida como o "diabo" no sentido da possibilidade sempre presente de podermos escolher o mal. Assim a serpente faz parte do arquétipo da escolha, já que a escolha só é possível quando existem dois polos entre os quais escolher. Embora o relato não o diga, podemos supor

---

34. "Nós": ou seja, os *elohim* ou filhos de Deus.

que Deus permitiu que a serpente existisse no jardim a fim de que pudesse existir também a escolha. Portanto, Deus quer que haja o crescimento moral e espiritual que acompanha e torna possível a individuação.

É aqui que nossas três intepretações da história se encontram, porque todas enfatizam a importância da escolha. O ponto de vista cristão tradicional aponta que a humanidade escolheu desobedecer a Deus. O ponto de vista gnóstico/psicológico diz que a humanidade escolheu a consciência, ainda que isto significasse sofrimento. O ponto de vista sapiencial diz que a humanidade escolheu experimentar o mal num ato de *hybris*. Nos três casos o resultado é o mesmo: a queda do primeiro homem e da primeira mulher expulsos do paraíso e a necessidade de redenção.

Os Pais da Igreja primitiva viram as terríveis consequências do pecado de Adão e Eva, mas viram também que isto ocasionou um processo redentor de valor supremo. O ser humano redimido ficou mais enobrecido e maior do que o ser humano original. Por isso, teólogos como Ireneu, bispo de Lyon, e Gregório de Nissa chamaram o pecado de Adão e Eva de "felix culpa", ou seja, pecado feliz, porque ocasionou a obra redentora de Cristo.

Descrevendo esta verdade teológica em linguagem psicológica, diríamos que o processo de individuação envolve uma perda original da inocência, mas também uma realização maior que não teria sido possível se nunca tivéssemos empreendido essa jornada. É também uma maneira de dizer que todos nós que empreendemos esta jornada precisamos primeiramente fazer algo de maneira errada antes de podermos fazê-la de maneira correta. No entanto, se alguém for longe demais na direção do mal, a individuação pode tornar-se impossível.

Vimos tudo isso ilustrado nas histórias de Jacó, de José e de Moisés. Cada um deles, à sua maneira, começou pelo caminho errado e fez coisas da maneira errada. Mas Deus atuou sobre eles através de circunstâncias de sua vida externa, através de seu sofrimento, através de seus sonhos e através de seu discernimento ampliado. Desta maneira cada um deles encontrou seu caminho particular de desenvolvimento. O egocentrismo, que podemos equiparar ao pecado, foi superado. Emergiu a pessoa verdadeira, chamada si-mesmo por Jung e Kunkel. Obtiveram também o conhecimento sobre a natureza e o funcionamento do mal, mas não experimentando o mal em suas profundezas abissais para objetivos egocêntricos e sim alcançando o discernimento de seu egocentrismo e, sobretudo, experimentando a Deus. Por fim, acredito eu, a cada um deles foi permitido comer da árvore da vida.

Apêndice
Sumário das psicologias de
C.G. Jung e Fritz Kunkel

A ideia mais importante de C.G. Jung para nosso objetivo é seu conceito de *individuação*. Individuação é o nome que Jung deu ao processo permanente que ocorre em nós, que procura ocasionar o desenvolvimento de uma personalidade completa. A individuação não é algo que decidimos fazer conscientemente, mas uma necessidade que nos é imposta a partir do interior. Para Jung o desejo de individuar-se, ou tornar-se completo, é nosso instinto mais importante e central e ele acreditava que este desejo é a base psicológica para nossos anseios e ideias religiosas.

Pode-se dizer que tudo o que vive procura individuar-se, porque todo ser vivo tem seu objetivo peculiar. Como mencionamos acima, quando olhamos para um grande carvalho, poderíamos dizer que ali está uma bolota que se individuou. A individuação, portanto, é tão comum e ordinária como a vida. O carvalho se desenvolve muito naturalmente, mas no caso do ser humano o processo de individuação deve ocorrer através do desenvolvimento e de uma crescente consciência do ego, ou, mais especificamente, através da relação entre o ego e o si-mesmo.

O ego é a parte do "eu" de nós. Foi chamado de "executivo da personalidade consciente". É a parte de nós com a qual estamos identificados mais estreitamente; com efeito, a maioria das pessoas supõe que sua personalidade não vai além dos limites do ego, ainda que, de fato, a parte muito maior de nós esteja contida no inconsciente.

O si-mesmo é o nome que Jung deu à pessoa completa. O si-mesmo pode ser entendido como nossa personalidade genuína, autêntica e completa. O si-mesmo abrange tanto o consciente quanto o inconsciente numa totalidade paradoxal. Ele existe dentro de nós desde o início como uma potencialidade e como a fonte de nosso futuro desenvolvimento criativo; mas, se a individuação quiser ocorrer, a vida vital do si-mesmo precisa realizar-se através da vida que vivemos realmente. Para isso é necessária a "cooperação" do ego, porque o ego precisa tornar-se uma espécie de recipiente através do qual o si-mesmo é realizado e expresso.

A ideia de individuação é crucial para a compreensão que Jung tem da doença e da saúde. Quando ocorre a individuação, o ego é sadio e vital; mas, quando a individuação é frustrada ou negada, aparecem sintomas neuróticos, falta de sentido e outras manifestações de doença psicológica ou espiritual.

Como já observamos, para ocorrer a individuação, é preciso haver uma relação entre o ego e o si-mesmo. Ora, se duas nações querem ter relações, elas trocam embaixadores que dialogam entre si com avanços e recuos. De maneira semelhante, é importante que o ego e o si-mesmo tenham um meio de comunicar-se um com o outro. Funcionalmente, a oração é uma das muitas

O homem que lutou com Deus 177

maneiras de o ego tentar comunicar-se com o si-mesmo. Os sonhos podem ser entendidos como um meio importante de o si-mesmo tentar comunicar-se com o ego. Quando existe uma conexão viva entre os dois, falamos do "eixo ego-si-mesmo" e então a individuação se torna possível; mas, quando este eixo não existe ou é deficiente, não ocorre de maneira adequada o desenvolvimento psicológico e espiritual.

Para ocorrer a individuação o ego precisa desenvolver certo tipo de consciência e viver uma vida autêntica. Por isso a psicologia de Jung realça a importância de tornar-se psicologicamente consciente. No entanto, as pessoas se individuam sem o benefício da psicologia formal. Sempre que as pessoas se tornam genuínas e crescem como indivíduos, acontece a individuação.

Na realidade, uma experiência com o si-mesmo é como uma experiência com Deus. Embora Jung não equipare exatamente Deus e o si-mesmo, ele diz que o si-mesmo é como um recipiente cheio da graça divina. É por isso que, psicologicamente falando, a figura de Javé no Antigo Testamento pode ser considerada um símbolo do si-mesmo. Foi a genialidade dos hebreus que desenvolveu primeiramente a monolatria e depois o monoteísmo. Isto preparou o terreno para uma maior relação entre o ego e o si-mesmo.

O processo de tornar-se psicologicamente consciente inclui uma consciência do lado sombrio da nossa personalidade. "Sombra" é o nome que Jung dá ao lado sombrio, indesejável de nossa personalidade. É "aquela parte da personalidade que foi reprimida em benefício do ideal do ego"[35]. Resumindo: aquelas

---

35. Edward C. Whitmont. *The Symbolic Quest*. Princeton University Press, 1969, p. 160.

qualidades que poderiam ter sido incorporadas ao ego, mas foram rejeitadas porque eram temidas ou consideradas indignas ou imorais, mergulham no inconsciente e formam uma personalidade secundária dentro de nós, conhecida como sombra. Já que comumente não temos consciência da sombra, ela leva uma existência inconsciente autônoma – desempenhando o papel de Mr. Hyde para o nosso Dr. Jekyll.

Já que a sombra inclui aquelas qualidades que foram rejeitadas, sua natureza, objetivos, metas e ações são contrários à nossa natureza e metas conscientes. Evidentemente isso significa que nossa personalidade se torna dividida. É importante reconhecer nossa sombra e estabelecer uma relação com ela, a fim de que esta divisão existente em nós seja curada, caso contrário não podemos ser pessoas completas.

Tornar-se completo exige também o conhecimento de nosso lado contrassexual. Um homem não é totalmente masculino; ele tem também um lado feminino. E uma mulher não é totalmente feminina; ela tem também um lado masculino. Já que o ego de um homem é geralmente identificado com sua masculinidade, seu lado feminino aparece no inconsciente e é chamado por Jung de *anima*. Inversamente, numa mulher, cuja identificação com o ego é feminina, seu lado masculino funciona inconscientemente e é conhecido como *animus*.

O si-mesmo, a sombra, a *anima* e o *animus* são padrões psicológicos básicos na personalidade de todos nós. Jung deu a estes padrões psicológicos básicos o nome de *arquétipos*. Os arquétipos são ao mesmo tempo fontes de energia e padrões de energia. Se um arquétipo está constelado dentro de nós, ele nos infunde certo tipo de energia. Se, por exemplo, uma mulher tem um filho, o arquétipo da Grande Mãe pode constelar-se nela e ela então tem os instintos e a energia para ser mãe. Ou, se acontece a guerra e um homem é envolvido nela, pode emergir nele o arquétipo do guerreiro, inspirando-o a ser um soldado heroico. Existem arquétipos correspondentes a todos os momentos típicos da vida humana: amor, morte, guerra, vitória, derrota, doença, saúde, juventude, velhice e assim por diante. Juntos, os arquétipos constituem o *inconsciente coletivo*, nome dado por Jung à estrutura arquetípica da psique que é comum a todos nós. Jung distinguiu o inconsciente coletivo do inconsciente pessoal, que contém as experiências e emoções reprimidas ou esquecidas que são peculiares a determinado indivíduo e são o resultado das experiências de vida particulares dessa pessoa.

Enquanto Jung disse uma infinidade de coisas muito importantes sobre a individuação, outro psicólogo, Fritz Kunkel, preenche algumas lacunas no quadro de Jung. Como já vimos, para ocorrer a individuação, o si-mesmo deve realizar-se e expressar-se através do ego. Esta relação viva e dependência mútua entre o ego e o si-mesmo pode ser comparada a uma garrafa de vinho. Numa garrafa de vinho, o vinho é o elemento importante; mas se quisermos usar o vinho, ele precisa fluir pelo gargalo da garrafa. Quando o ego está funcionando como deve, ele está relacionado com o si-mesmo como o gargalo de uma garrafa está relacionado com o vinho: ele se torna o órgão da psique através do qual a vida vital do si-mesmo emerge. No entanto, às vezes nós nos referimos a alguma coisa designando-a como "gargalo de uma garrafa": isto significa que algo está obstruindo o fluxo em vez de ajudá-lo. Quando o ego é demasiado estreito, apertado, ele é como esse gargalo da garrafa, porque impede a expressão do si-mesmo. Kunkel deu a esta situação o nome de "egocentrismo". Quando o ego é egocêntrico, a individuação é impedida e o desenvolvimento criativo se torna impossível. A contribuição mais importante de Kunkel para a psicologia é seu estudo sobre a origem, a natureza e os efeitos do egocentrismo e sobre a crise de vida que é necessária para nos libertarmos de nosso egocentrismo, a fim de que a vida genuína possa emergir em nós. Para perceber mais claramente o que Kunkel queria dizer precisamos examinar a visão que Kunkel tinha da vida genuína que vem do si-mesmo e a vida falsa do ego egocêntrico.

Kunkel achava que o si-mesmo era uma força positiva, criativa. Uma experiência do si-mesmo nos dá vitalidade, coragem, criatividade e energia e também nos conecta significativamente com outras pessoas. Quando o si-mesmo se constela numa relação, o sujeito já não é "Eu", mas "Nós", ou seja, a identidade do ego dá lugar à identidade do si-mesmo e a identidade do si-mesmo inclui os outros. Disto provém a capacidade de amar, a capacidade de sacrificar-se pelos outros e a capacidade de orientar outros para seu bem e não para nossa própria gratificação egocêntrica.

Kunkel viu o paralelo entre suas ideias psicológicas e as ideias teológicas cristãs sobre a natureza da nossa relação com Deus. O si-mesmo é a energia criativa e o desígnio do Criador manifestado em nós; por esta razão, viver a partir do si-mesmo como nosso Centro é viver de acordo com a Vontade de Deus. O pecado, por outro lado, é o desvio egocêntrico do ego em relação ao si-mesmo.

Viver a partir do si-mesmo não significa necessariamente que seremos felizes. Pelo contrário, viver a partir do si-mesmo pode levar-nos a um conflito com nossa cultura e com outras pessoas que nos cercam. A "busca da felicidade" é a meta do ego, não do si-mesmo. Mas uma vida a partir do si-mesmo será uma vida criativa e, por mais que as coisas possam deteriorar-se, o si-mesmo nos capacitará a ter uma resposta vital e criativa. No longo prazo, somente este tipo de vida é realmente satisfatório. Infelizmente, em vez de deixar que o si-mesmo seja o Centro, o ego procura ser o Centro. Quando isto acontece, falamos de "egocentrismo". Dizer que o ego é egocêntrico significa que ele está interessado apenas em sua própria defesa e na realização de suas próprias ambições. Quando estamos neste estado defensivo e egocentrado, a vida criativa do si-mesmo é bloqueada e entra em nossa personalidade uma distorção que nutre o mal.

Kunkel acreditava que todos nós somos empurrados para uma postura egocêntrica defensiva e negadora da vida, por causa das influências destrutivas que pais e outros adultos importantes egocêntricos exercem sobre a criança naturalmente confiante. O "nós" natural da criança se torna o "eu" defensivo do ego. Assim o egocentrismo cria mais egocentrismo.

A vida no ego egocêntrico é como viver num castelo fortemente defendido. Enquanto nosso castelo parece estar bem defendido, nos sentimos seguros. Deixamos de perceber que, enquanto estamos confinados em nosso castelo, podemos também estar numa prisão. Porque, ao contrário da vida livre e criativa do si-mesmo real, a vida do ego egocêntrico é rígida, acanhada e tímida. Mas, se nunca experimentamos o si-mesmo, não sabemos a diferença entre os dois estados da mente.

Nosso egocentrismo pode ser espalhafatoso e óbvio, pelo menos para todos os outros, ou extremamente sutil. O ego é um grande trapaceiro e, se for bastante hábil, é capaz de se bem-sucedido em apresentar-se como um santo, quando na verdade está em andamento uma grande decepção. O ego, evidentemente, mostra uma grande resistência a ver seu próprio egocentrismo, porque, embora este *insight* por si não nos livre de nosso egocentrismo, ele nos levaria a sentir-nos desconfortáveis com ele e seria um precursor de sua eventual destruição. Tememos isto porque não nos acreditamos capazes de sobreviver sem nosso castelo. Supomos que nada nos sustentará se renunciarmos ao nosso egocentrismo; somos como uma pessoa que se agarra freneticamente a um tronco à deriva no mar, porque não sabe se, soltando-o, ela conseguiria nadar até à praia. No entanto, quanto mais o ego resiste a capitular, mais ele se aliena do si-mesmo. Já que o si-mesmo é a fonte de amor, força e energia, o resultado desta alienação é solidão, angústia e depressão.

Kunkel acreditava que havia quatro tipos egocêntricos básicos e lhes deu nomes que indicam a característica essencial de cada um: a Trepadeira, a Estrela, a Tartaruga e o Nero (ou Tirano).

A Trepadeira, como o nome indica, é uma pessoa que se agarra aos outros para ter força. Assim como uma trepadeira adere a uma árvore para ter apoio, assim a Trepadeira se agarra aos outros em busca de apoio. Isto acontece porque a Trepadeira não consegue acreditar que ela pode manter-se em pé sozinha – e não quer acreditar nisso. Sua vida é dedicada à meta egocêntrica de encontrar maneiras de persuadir os outros a apoiá-la. A fim de persuadir os outros a deixá-la aderir a eles, a Trepadeira precisa mostrar-se muito boa ou muito merecedora ou ambas as coisas. Por ser uma pessoa "boa", vítima inocente de um triste destino que escapa ao seu controle, ela "merece" o apoio dos outros; além disso, se não a deixarem aderir a eles, eles são pessoas más. Uma Trepadeira consumada é perita em fazer os outros se sentirem culpados se não fizerem o que ela quer que eles façam. Evidentemente, quanto mais egocêntricas

O homem que lutou com Deus 183

forem as outras pessoas e, portanto, sujeitas a uma falsa culpa, tanto mais provável é que se tornem vítimas das artimanhas da Trepadeira. No entanto, finalmente as pessoas se cansam de apoiar a Trepadeira; ficam exasperadas e retiram seu apoio. Isto leva à crise do ego que a Trepadeira teme; parece o terrível abismo, a pior coisa que poderia acontecer. É, com efeito, o momento em que ela simplesmente poderia descobrir o que realmente a sustenta; então ela pode abandonar sua necessidade de aderir aos outros.

A Estrela quer admiração. Ela quer estrar no centro do palco, ser a pessoa admirada e glorificada. Para conquistar admiradores, ela precisa encontrar algo que ela possa fazer e que mereça adulação. Talvez ela obtenha todas as melhores notas na escola, ou se torne uma grande atleta, ou colecione namorados às dúzias, ou se torne uma mãe perfeita. Se à Estrela faltar talento, e todo o resto falhar, ela pode representar o papel de "boa", porque quase todos podem representar o papel de pessoa "boa" se tentarem com suficiente afinco. Enquanto a Estrela for a pessoa admirada, ela se sente segura; mas, se algum dia não for admirada, então vem a crise do ego. Talvez um dia ela obtenha uma nota baixa em vez das melhores notas, ou seus namorados a abandonem, ou seus filhos se saiam mal, ou sua sombra a bloqueie e a boa menina cometa algo horrível, ou – que Deus não o permita – talvez outra Estrela mais perfeita suba ao palco com ela e ela seja esquecida. Isto cria um "menos 100", um apagão, um estado terrível e escuro que, no entanto, pode conduzi-la ao seu verdadeiro si-mesmo caso ela consinta em passar pela escuridão, mesmo que esta se assemelhe a uma morte.

A Tartaruga acredita que a vida é esmagadora e opressiva. Ela se julga incapaz de enfrentar um mundo tão assustador e, por isso, encontra meios de se esconder dele. Às vezes a Tartaruga se sente acabrunhada por tudo; então ela pode encontrar a última segurança na enfermaria destinada aos casos desesperados de um hospital. Às vezes existe uma área particular onde ela é uma Tartaruga. Por exemplo, ela pode ter medo de sentir qualquer coisa, porque seus sentimentos são tão dolorosos; por isso ela constrói uma carapaça dura em torno de si e vive dentro dela, onde ela pode sentir-se segura. As Tartarugas procuram fugir dos perigos da vida porque têm medo e elas têm medo porque a vida está sempre tentando arrancá-las de suas carapaças. Uma Tartaruga pode fugir de muitas coisas, mas nunca do si-mesmo, que está justamente ali com ela dentro de sua carapaça, mas agora aparece como um inimigo terrível. Mais cedo ou mais tarde aparece algo que é especialmente difícil evitar. Então a Tartaruga lançará mão de todas as suas artimanhas para voltar para um lugar seguro. Se o conseguir, sua vida será mais empobrecida do que nunca; mas, se não o conseguir e finalmente sair para enfrentar a ameaça, ela pode passar pela crise do ego, que eliminará seu egocentrismo, e ela poderá entrar numa vida criativa.

O Nero (Tirano) se protege controlando os outros. Sua meta é ocupar sempre a posição dominante. Então ele se sente seguro e sente uma satisfação egocêntrica – embora não sem uma persistente consciência de culpa que o deixa paranoico a respeito das outras pessoas. Porque, na realidade, cada Nero tem medo que algum dia as pessoas escapem ao seu controle, que as pessoas que ele domina possam rebelar-se contra ele. Se isto acontecer, ele está finalmente em sua própria cruz e, se consentir no sofrimento que isto lhe traz, ele pode simplesmente passar por ele para chegar a uma vida ressuscitada e nova. Aquilo que de início parecia a pior coisa que pudesse acontecer contém as sementes de sua salvação, caso ele consiga aceitar seus sentimentos vulneráveis e frágeis e abandonar sua necessidade de estar sempre no topo.

Mais alguns poucos pontos precisam ser mencionados. Embora, ao descrever os quatro tipos, eu tenha usado os pronomes "ele" para referir-me ao Nero e "ela" para referir-me à Trepadeira, à Estrela e à Tartaruga (seguindo o gênero gramatical das palavras), pessoas de ambos os sexos podem pertencer a qualquer um dos quatro tipos egocêntricos.

Podemos também ter mais de um padrão egocêntrico. Por exemplo, em seu gabinete um homem pode ser um terrível Nero, dominando todos os seus subordinados e infernizando a vida deles; mas, quando está em casa, onde se exige intimidade, ele pode ser uma Tartaruga, escondendo-se atrás de seu jornal e evitando relações reais com sua mulher e filhos.

Um padrão egocêntrico pode também transformar-se em outro. Por exemplo, se um Nero é derrotado, ele facilmente se transforma numa Tartaruga. Por isso um valentão torna-se um poltrão quando leva uma surra. De modo semelhante, uma Estrela muitas vezes se torna uma Trepadeira quando já não pode ocupar o lugar central do palco.

Mais cedo ou mais tarde, no entanto, nosso egocentrismo já não trabalha a nosso favor. Uma adaptação egocêntrica à vida pode ser bem-sucedida temporariamente, mas a vida conspira contra ela e algum dia ela começará a falhar. Quando chega este momento, ocorre o que Kunkel chamou de "crise do ego". Nós a experimentamos como um tempo terrível, como o "abismo", o que os antigos alquimistas chamavam de "mortificatio" ou um morrer, e nós o evitamos enquanto for possível. O fato é que a crise do ego é um momento da verdade, quando se nos oferece a oportunidade de fugir de nosso estado egocêntrico e começar a viver criativamente.

A saída é "morrer voluntariamente" e a maneira de fazê-lo consiste em *passar pela* crise o mais conscientemente possível e não tentar fugir dela. Precisamos abraçar a própria escuridão que tememos e "enfrentar o inaceitável", como se expressou certa vez o analista junguiano David Hart. De acordo com as palavras de Jesus, precisamos deixar de resistir ao mal que tememos e sair para enfrentá-lo, mesmo que pareça ameaçar-nos com a destruição. O que será destruído é nosso egocentrismo e o que irá morrer é o ego egocêntrico. É como carregar a cruz – mas, para além da crucifixão, está a ressurreição, que, psicologicamente, é a nova vida que o ego encontra quando está relacionado criativamente com o si-mesmo.

Nas histórias extraídas do Antigo Testamento vimos o processo da individuação exemplificado na vida de Jacó, de José e de Moisés. Em cada um dos casos observamos uma pessoa originalmente egocêntrica passar por uma profunda crise pessoal e emergir para uma vida vivida a partir do si-mesmo. Ao fazê-lo, cada um cumpriu a Vontade de Deus e alcançou seu destino peculiar.

Índice geral

Adivinhação 164
  escolhendo Judas 19
  no Antigo Testamento 19

Adversário
  apavorante 58
  de Jacó 58-62
  Divino

Afrodite 90-92
  deusa do amor 90
  e José 92
  na mitologia grega 91
  seu lado sombrio 91

Alma 45, 52, 60, 77, 93, 99,
    109, 110, 116, 169, 170
  cicatrização da 110
  cura da 62, 140
  de Jacó 57, 70
  desenvolvimento da 148
  e a mulher 45
  e Deus 60
  e histórias 9-14
  e mitos 147-149
  e pecado 169
  imagem 46
  noite escura da 113

Anima/animus 178
  e ego 177
  e o inconsciente 178

Arquétipo(s) 90n., 121, 178
  Afrodite 90
  anima/animus 178
  Apolo 92
  da escolha 171
  da totalidade 60
  deuses e deusas 90, 91
  e Jung 178
  e psique 90
  mitologia 90, 91, 146
  um inimigo 92

Asclépio 39
  deus da cura 122
  nascimento 120
  pais duais 123
  salvo da morte 122

Atitude(s) 34, 36, 94, 100, 104, 167
   a respeito dos mitos 148
   coletivas 110
   correta 34, 36, 87, 116
   de Esaú 63
   de Jacó 40
   de José 87, 95, 96, 116
   errada 100
   nossas 20, 80, 148
   para com o inconsciente 100
   religiosa 95
   responsável 110

Banquete, O – Platão 153

Berdyaev, Nikolai 26n., 154, 154n.

Bolota; cf. Individuação

Campbell, Joseph 107, 147

Cólera: de Esaú 35, 63
   de Javé 137
   de Labão 53
   de Moisés 125, 128
   dos hebreus 120
   dos irmãos de José 71

Complexo materno
   de Jacó 22

e egocentrismo 22
positivo 89

Congreve, William 88n.

Conhecimento 21, 27, 134, 164, 165, 168, 171, 173
   Adão e Eva 160
   e curiosidade 160
   e experiência 167, 168
   de Deus 167, 169, 170
   do bem e do mal 159, 166, 167, 169-171
   do futuro 165
   dos símbolos 40, 41
   e poder 159
   verdadeiro 169, 171

Crime e castigo – Dostoievsky 169

Cristianismo 166
   como história 11
   poder do 11

Culpa 24, 35, 63, 155
   Adão e Eva 170
   de Moisés 126
   dos irmãos de José 83, 109-111
   falsa 110, 183
   real 110
   reprimida 110
   verdadeira 110

Curandeiro/cura 76, 77,
  97-98, 130
  Asclépio 122
  da alma 110
  e o feminino 98
  José 97
  no Antigo Testamento 97,
    98, 98n.
  os irmãos de José 110
  xamãs 76-78, 97

Curiosidade 132-133
  Adão e Eva 132, 154, 158
  definição 132
  e conhecimento 159
  e Deus 119, 159, 160
  de Moisés 125, 132
  um instinto poderoso 132

Depressão 36, 84-85, 97, 182
  de Rebeca 19

Desenvolvimento(s) 30,
    32-33, 106, 146, 173,
    175, 180
  arquetípico 147
  da consciência humana 18
  de Esaú 63
  ego 148, 175, 176
  eros 128
  da alma 161

de Jacó 18, 30, 40, 43, 48,
    49, 55, 69, 173
de José 18, 69, 77, 92,
    103, 105-106, 108, 173
de Moisés 106, 119, 136,
    173
do si-mesmo 176
dos irmãos de José 108,
    115
e mitos 148
e o inconsciente 73
espiritual 31, 40, 55, 106,
    160, 177
interior 13, 18, 48, 84, 133
moral 167
psicológico 28, 30, 31, 36,
    45, 63, 69, 77, 83, 106,
    108, 119, 124, 125, 128,
    137-139, 145-149, 161,
    177

Destino 72-73, 145, 162, 186
  da bolota 72
  de Jacó 25, 63
  de José 64, 72, 75, 77, 108
  divino 20, 25, 27, 72, 74
  e destinação 72
  e individuação 72
  e o inconsciente 73
  e sonhos 72

Destiny of Man, The –
Berdyaev 154n.

Dostoievsky, Fiodor 139,
139n., 169

Dreams and Healing –
Sanford 37, 37n.

*Dreams: God's Forgotten
Language* – Sanford 37,
37n.

Eckhart, Mestre 84

Ego 32-33, 61, 65, 96, 134,
135, 148, 153
Adão e Eva 161
crise do 84, 183, 184, 185
de Jacó 39, 60
de Moisés 140
descrição 175
desenvolvimento do 148,
175
e *anima/animus* 178
e egocentrismo 32, 33,
179, 181, 185
e individuação 175, 176,
179
eixo ego-si-mesmo 177
e o si-mesmo 32, 77,
175-182, 186
e psique 179

e sonhos 43
"eu" defensivo 181
ferido 62
força verdadeira 33
fraco 33
hybris do 168
ideal do 177
limites 171
masculino 128
masmorra do 99
meta do 180
um trapaceiro 181

Egocentrismo 22, 26, 31,
94, 99, 114, 115, 135,
140, 145, 173, 179, 181,
184, 185
custa a desaparecer 36
de Jacó 31, 34, 37, 39,
44, 48, 55, 56, 69, 85,
133, 173
de José 69, 71, 77, 85,
86, 93, 95, 102, 116, 173
de Moisés 85, 124, 139,
173
e autocomiseração 95
e complexo materno 22
e ego 33, 181
e Kunkel 33, 84, 179, 181
e pecado 173
e sofrimento 84

O homem que lutou com Deus

experiências que o
mudam 34
"menos 100" 84
nosso 73, 138, 181
óbvio para os outros 181
quatro tipos de 33

Eliade, Mircea 41, 41n.

Eros 45, 48, 50, 52, 62, 128,
130
de Jacó 48

Estrela 182-185
crise do ego 183
e si-mesmo 183
José 71
"menos 100" 183
sombra 183
tipo egocêntrico 33, 182

Experiência(s) 37, 53, 101,
128, 167-169, 177, 179
arquetípica 36, 85
básicas 34
com Deus 177
crise do ego 84
de Jacó 34, 37, 43, 53,
59, 60-61, 62, 69, 85
de José 69, 85, 93, 110
de mente alterada 42
de Moisés 85, 133
de pesadelo 37

deserto 36, 130
do Faraó 101-102
do xamã 76-77
-chave 57
e conhecimento 167-169
e o inconsciente 38
espiritual 44, 59
iniciática 42
interior 57, 133
morte 60, 84
nos muda 61
numinosa 38, 60, 134
pessoal 179
proibidas 169, 179
psicológica 36, 43, 59,
61, 134
quando sozinhos 57-58
que dilacera o ego 84
reprimida 179
sonho 37
transformadora 111
visionária 76

Fausto – Goethe 131, 131n.

Fé
de Jacó 62
de José 93, 95
de Rebeca 70

Freud: e os sonhos 72

Fritz Kunkel: Selected Writings – Sanford 33n.

Gilgamesh 14

God, Dreams and Revelation – Kelsey 37n.

Gospel Comes Alive, A – Whitman 10n.

Hamlet – Shakespeare 12

Harding, Esther 123n., 129

Healing and Christianity – Kelsey 98n.

Herói(s) 119, 122, 123, 129
criança abandonada 122
da antiga Roma 122
definição 119
e liberdade 139
e mitologia 146-147
e Moisés 119, 124, 135, 138
e o inconsciente 124
Hércules 122
nascimentos incomuns dos 119, 120, 122, 124

pais duais 123
relutante 132, 140

Hero with a Thousand Faces, The – Campbell 147

Hetaira 90, 90n.

História(s) 9-14
Adão e Eva 8, 14, 145, 148-149, 155-156, 162
arquetípicas 9-10, 13
babilônica 14
bíblicas 13-14, 46, 133, 186
de Deus 10, 12
de Esaú 22-23, 27-28, 29, 34-35
de Jacó 12, 13, 18, 22-23, 27-28, 29, 34-35, 43, 46-50, 51-59, 62, 69, 106, 124
de José 12, 13-14, 69, 73-75, 80, 83-89, 93-94, 107-116, 124
de Moisés 13-14, 120, 125-133, 135-140
de Rebeca 12, 14, 18-19, 27-28, 29, 34-35
de Saul, Davi e Jônatas 19
direito de primogenitura 23-24
do inconsciente 13

O homem que lutou com Deus

do povo hebreu 13, 17
e alma 9-10
e Antigo testamento 14,
 46n.
eliminação do sacrifício
 humano 17
e mitologia 147-148
importância das 9
Jesus no Templo 123
o agricultor e a mula 11
poder das 11, 13
psicológicas/espirituais
teologia da 10

Honestidade: emocional 57
de Jacó 57, 138
ideal de 23
psicológica 27, 30-31, 36,
 58, 63

I Ching 19, 153, 153n.

Inconsciência 148
de José 93

Inconsciente 43, 60, 62,
 73-75, 80, 83, 87, 100,
 109, 111, 135, 176, 178
coletivo 40, 40n., 43, 179
e consciência 162
coração como sinônimo
 109

e destino 73
e heróis 123
e história 13
e mitologia 147
e numinoso 38
e si-mesmo 176
e sombra 178
e sonhos 41, 75, 101
e xamãs 42, 76
feminino 128
símbolos 41

Individuação 32, 46n., 72-74,
 130, 139, 164, 169, 172,
 176, 179, 186
analogia da bolota 32, 72,
 175
descrição 32, 125
desenvolvimento interior
 13
e curiosidade 132
e destino 73
e escolha 171
e Jung 13, 32, 175, 176,
 179
e Kunkel 33, 179
e o ego 175-176, 179-180
e o si-mesmo 176
histórias de caso 14

Instinto(s) 179
curiosidade 132
de Jacó 54

de Rebeca 20
mais importante 175

Invisible Partners, The –
Sanford 46n., 90n.

Irmãos Karamazov, Os –
Dostoievsky 139n.

James, William 76

Jung, C.G: e os arquétipos
121, 178
e a individuação 13, 32,
175, 176, 179
e a sombra 23n., 177
e o inconsciente 135
e o inconsciente coletivo
40n., 179
e o si-mesmo 32, 60, 173,
176, 177
e sincronicidade 121
"Eu *sei*..." 134
numinoso 38
psicologia de 8, 14, 90, 177

Kelsey, Morton T. 37n., 98n.

Kingdom Within, The –
Sanford 26n.

King Saul: The Tragic Hero –
Sanford 8

Kunkel, Fritz 33n.
contribuição mais
importante 180
crise do ego 84, 185
e egocentrismo 33, 84,
179, 181
e individuação 33, 179
e o si-mesmo 173, 179
psicologia de 8, 14,
179-180
relação feudal 108
tipos egocêntricos 33, 180

Lutero, Martinho: a respeito
do pecado 169

Mandala 151
definição 151
e a arte religiosa 151
e plenitude 151
Jardim do Éden 151

Medo(s) 38, 74, 115, 138, 155
de Jacó 37, 57
de José 83
de Moisés 127, 135
do Senhor 138

Miles, Pe. Andrew 162

Mistério 60, 152

O homem que lutou com Deus

Mito(s)/mitologia 12, 13, 40,
  123, 145-149, 157, 163
  definição 146, 163
  e alma 147, 148
  e androginia 153
  e arquétipos 90, 147
  e história 146, 163
  e o inconsciente 147, 163
  e psicologia 146
  e sonhos 147, 148
  gregos 90, 153
  heróis 123
  história de Adão e Eva 146,
    148, 152, 162
  Rômulo e Remo 122, 123
  sentido do 146
  simbolismo do 40-41, 163
  vs. ciência 146

Morte 24, 42, 60, 70, 84, 86,
  111, 122, 153, 154, 157,
  158, 169, 183
  a inveja do diabo 171
  "às portas da morte" 23,
    24
  de um patriarca 20
  experiência 60, 84
  por inanição 24
  um arquétipo 179

Myths To Live By – Campbell
  107

Nero: tipo egocêntrico 33-34,
  182-186

Numen/numinosum/
    numinoso/numinosidade
  37-38, 39, 44, 65, 119,
    133-134
  e Deus 38, 134
  e Jung 38
  e o inconsciente 38
  negativo 38
  sagrado 134

Oração 96, 176
  como rezar 57
  de Jacó 35, 57
  relação com Deus 57

Otto, Rudolph 38

Parábola(s) 11
  e história 11
  Filho Pródigo 12

Pecado 28, 108-110, 155,
  157-161, 170, 180
  Adão e Eva 155-157
  comentário de Lutero 169
  e egocentrismo 173
  "felix culpa" 122
  original 149, 154

Picture of Dorian Gray, The – Wilde 170

Platão 153, 153n.
  pessoa original 153

Plenitude 129, 130, 138, 151, 153, 162
  e consciência 14
  e Deus 31
  de José 104, 114
  e o si-mesmo 32
  mandala símbolo da 151
  pessoas de 13

Pray for Your Life – Whitman 10

Psicologia 21, 146, 177
  complexo materno 22
  de José 75
  de Jung 8, 13-14, 90
  de Kunkel 8, 14, 179
  e mito 147
  masculina 126, 129
  ocidental 8
  primitiva 39
  profundidade 37
  sonho 40-41
  teleológica 137
  tipos 21

Psique 92, 93
  e arquétipos 90, 147
  e o ego 179

e o inconsciente coletivo 40, 179
e xamãs 42

Sagrado, O – Otto 38

Sanford, J.A.: *Dreams and Healing* 37, 37n.
  Dreams: God's Forgotten Language 37, 37n.
  Fritz Kunkel: Selected Writings (ed.) 33n.
  Invisible Partners 46n., 90n.
  King Saul: The Tragic Hero 8
  Kingdom Within, The 26n.

Shakespeare 12

Shamanism – Eliaden 41n.

Símbolo/simbolismo 163, 164
  do si-mesmo 177
  dos sonhos 40
  mitológico 40, 163
  religioso 40

Si-mesmo 116, 173, 176-182, 183, 186
  a vida criativa 181
  descrição 175
  e Deus 177, 180

O homem que lutou com Deus

e ego 33, 77, 176, 179, 180-182, 186
e individuação 175
eixo do ego 177
e Jung 32, 60, 173, 175-177
e plenitude 32
Kunkel 173, 179
real 114, 181
realidade interior 32
recipiente da graça divina 177
símbolo de Javé 177

Sofrimento 34, 36, 45, 84, 130, 158, 172, 173, 184
de Jacó 34
de José 73, 77, 102
de Moisés 119

Sombra 23, 24, 177, 178
da Estrela 183
de Esaú 24, 63
de Jacó 24, 60
e C.G. Jung 23n., 177, 178
uso apropriado da 53

Sonho(s) 11, 17, 37-41, 43, 56, 75, 76, 98-103, 115, 133, 173, 177
arquetípico 41
como histórias 11
de Jacó 22, 37-44, 54, 76, 134
de José 39, 52, 64, 71-81, 86, 95, 96, 97, 102-108, 115, 119, 138
do Faraó 101, 102
e a adivinhação 19
e a Bíblia 37, 38, 71, 124
e Deus 37, 38, 99
e Freud 72
e o destino 72
e o ego 43
e o inconsciente 100
e os mitos 147, 148
e o xamanismo 41, 76, 77
e visões 37, 76
individual 40
interpretação do 40, 72, 99, 101, 102, 156, 157, 158
numinoso 37, 41
repetidos 101
símbolos do 40

Stevenson, Robert Louis 162, 162n.

Symbolic Quest, The – Whitmont 177n.

Tartaruga: crise do ego 184
  e o si-mesmo 184
  tipo egocêntrico 33, 182,
    184

Tipos
  egocêntrico 33, 184
  Kunkel 33
  psicológicos 35, 104

Travessia noturna do mar 84,
  111, 113, 128

Trepadeira 33, 182-186
  crise do ego 184

van de Post, Laurens 9

Verdade 80, 88, 133
  e crise do ego 185, 186
  e mitos 148
  espiritual 133, 146, 148,
    150
  histórica 12
  interior 26, 52
  nossa própria 110
  psicológica 55, 133, 146,
    148
  teológica 172

Visão(ões) 17, 42
  e sonhos 37, 76
  largueza de 13
  xamãs 42

Whitman, Rev. Allen 10, 10n.

Whitmont, Edward C. 177n.

Wilde, Oscar 170

Women's Mysteries –
  Harding 129n.

Xamã/xamanismo 41, 42, 52,
    76-78, 151
  curandeiros 41, 76, 77
  e mitologia 151
  e sonhos 40, 41, 75, 76, 77
  vida interior 76
  visões 76

Yang e Yin 129

Índice bíblico

Abraão 17, 30, 37, 55, 80, 163
  e Deus 17, 133
Adão e Eva 8, 12, 14, 149, 155-158, 163, 167, 171
  andrógino 152, 152n.
  a queda 155
  curiosidade 132, 155, 159
  desenvolvimento 161
  e conhecimento 160
  ego 161
  interpretações da história 157-160, 162-163, 170-172
  liberdade de escolha 159
  mito 145, 151, 163
  naassenos 160
  pecado de 172
Antigo Testamento 12, 14, 97-98, 132, 136, 166-167, 177, 186
  e adivinhações 19, 20
  e curandeiros 97, 98n.
  e história 14, 46n.
  mulheres no 121
  nome de alguém 59, 136
Apocalipse 37
  20,2 164n.
Atos 19

Benjamim 46, 51, 108-115

2Coríntios 11,3 167

Deuteronômio
  5,4 e 34,10 119n.
  18,9-12 164
  30,15-20 166n.
Dez Mandamentos 23

Efésios, carta aos 5,31-32 152

Esaú 18, 21, 24, 27-28, 34-35,
49, 52, 54, 55, 56, 60, 63,
114, 139
a bênção 21, 22, 24, 28,
29, 35
"às portas da morte" 23,
24
cólera 35, 57, 63
descrição de 21-24
desenvolvimento 63, 106
encontro com Jacó 56, 62
o direito de primogenitura
21, 23-24, 31, 35, 63
sombra 24, 63

Êxodo
cap. 2 120
2,6-7 121
2,10 122
2,14 127
3,4-6 133
3,11 135
3,14 136
4,10-12 136
4,13-14 137
6,6-7 168n.
6,20 120, 121n.

7,4-5.17-18 168n.
7,8-13 165
33,11 119n.

Ezequiel 42

Gênesis 8, 37, 156, 163, 168
cap. 1 145
2,4 145
3,1-5 154
3,7 155
3,9-11 155
3,12-13 156
3,19 156
3,22 171
3,22-23 156
18,1-15 80
25,22 19
25,23 20
25,30-34 23
25,34 24
27,1-4 28
27,12 29
27,15-27 29
27,41 34
28,13 37
28,17 37
28,20-22 42

O homem que lutou com Deus

29,14 44
29,17 45
29,20 48
29,26 49
30,1-2 50
30,8 50
30,24 51
31,2-4 54
32,25 58
32,27 59
32,28 59
32,30 60
32,31 61
33,10 62
35,19 74n.
37,2-3 69
37,4 71
37,6-7 72
37,8 72
37,9-10 74
37,11 64
37,15-16 79
37,17 80
37,19-20 81
37,26-27 82
37,35 83
39,2-6 87
39,6-7 87

39,8-10 88
39,17-18 88
40,7 97
40,8 99
40,9-11 99
40,16-17 100
41,1-7 101
41,9-13 102
41,16 102
41,31-32 103
41,33-36 103
41,38-40 104
41,49 104
42,21-22 109
42,28 111
42,36 111
43,30 112
44,5 112
44,15 113
44,16 113
44,33-34 114
45,1 114
45,3-8 114
49,33 65
50,15 115
50,19-20 115

Hebreu(s) 13, 53, 97-98,
101, 121, 126, 177
carta aos 10,31 138
e monoteísmo 177
povo 17, 120

Isaac 17-18, 27-28, 37, 49
Abraão foi seu pai 17
a bênção 24, 28, 29,
34-35, 59
e Deus 17, 134
quase sacrificado 17
Rebeca foi a mulher 18, 19

Israel 12, 59
e José 69
filhos de 168
o povo de 119, 135, 138,
139, 164
significado do nome 59

Jacó 7, 12, 13-14, 18, 20-21,
27-28, 46, 50, 51-53,
60-61, 63-64, 65, 69-71,
74, 74n., 75, 79, 82,
84-85, 103, 108, 111,
114, 115, 119, 124, 127,

128, 130, 138, 145, 152,
173, 186
a bênção 24-25, 28, 29,
34-35, 59, 60
Abraão foi o avô 17, 30, 55
cólera de Esaú 35, 57
como trapaceiro 48-49
descrição de 21-23, 35-36
desenvolvimento de 18,
30, 31, 43, 48, 49, 55,
106
destino 25, 63, 75
e a oração 57
e a sombra 24, 60
e Deus/Javé 22, 29, 30-31,
35, 37, 39-40, 52, 54-65,
119, 133, 134, 136
e eros 48, 50
e o adversário 58-59, 60-61
e o ego 39, 60
e sonhos 22, 37-44, 54,
56, 58, 75, 133
"eu o estou trapaceando"
29, 30, 127
exílio de 27, 35, 84
Isaac foi seu pai 17
José foi seu filho 39, 51,
63, 64, 71

mudança de nome 59

o direito de primogenitura
23, 24, 35, 55, 65

reconciliação com Esaú
62, 63

seu egocentrismo 31, 34,
37, 44, 48, 55, 56, 69,
84-85, 124, 134

seu sofrimento 34

sua coragem 58, 61

sua honestidade 30-31,
36, 58, 127

"vi Deus face a face" 61

teoria da genética 53

João, evangelho de 3,13-14
165

José 7, 12, 13-14, 51, 63, 64,
65, 69, 70, 71, 73, 74,
83, 84, 85, 88, 89, 90,
93, 94, 95, 104, 105, 107,
108, 109, 119, 120, 124,
127, 128, 130, 145, 152,
173, 186

a bênção 65

como curandeiro 97

como os xamãs 76, 77, 78

descrição de 87, 89, 102

desenvolvimento de 18,
69, 77, 92, 93, 103, 104

destino 64, 72, 75, 108

e a esposa de Putifar 7,
88-93

e Deus/Javé 52, 75, 85-88,
93-96, 102, 104, 107,
114-116, 119

e eros 90

egocentrismo 69-71, 77,
84-87, 93, 102, 124

e o Faraó 101-105, 114

e o feminino 92, 93, 98

e sonhos 39, 52, 64,
71-81, 87, 95-100, 102,
104, 108, 115, 119, 138

experiências 84, 85, 93,
111

hybris 74

inconsciência 93

Jacó foi seu pai 39-40, 46,
64, 69, 71, 75, 79

Raquel sua mãe 70, 74n.

seus irmãos 69-77, 79-83,
87, 106-116, 128, 139

sua psicologia 75, 104

túnica multicolorida 81, 81n.

vida interior 75

Josué, livro de 4,24 168n.

Labão 35, 44, 46, 48-49, 52-53, 54-55, 56
como trapaceiro 48, 49
ovelhas e cabras 53
sua cólera 53

Lucas, evangelho de
2,49 123
6,5 27
7,47 169n.
9,23 107
9,62 138

Moisés 7, 12, 13-14, 84-85, 120-122, 123-124, 125-126, 127, 130, 131, 132-133, 135, 136, 137, 137n., 138-140, 145, 152, 163, 165, 173, 186
a sarça ardente 133, 135
bravura/força física 126, 128

e Aarão 137, 165
e culpa 126
e Deus 52, 60, 119, 132-137, 139-140
egocentrismo 85, 124, 140
"este negócio" 127
"face a face" 119, 140
no deserto 127
o herói 119-120, 135, 136, 138, 140
pais duais 123
sua curiosidade 125, 132
sua virtude psicológica 138
seu desenvolvimento 119, 124, 128
seu nascimento 119, 123-124
seu nome 122
sua mãe 121
travessia noturna do mar 128

Novo Testamento 98

Números
14,14 119n.

21,9 165
26,59 121n.

Provérbios
3,18 166
4,4.10.13 166n.
9,10 138
11,30; 13,12; 15,14 166n.

Rebeca 7, 18-19, 20, 25,
27-28, 29, 70, 75
desenvolvimento de 18, 27
é consciente 27
e Deus/Javé 19, 20, 25
e tradição 20
história de 12, 14, 18, 25,
27, 28, 35

Isaac foi seu esposo 18-20,
25
seus filhos

1Reis 17,17-24 98n.

2Reis 5,1-27 98n.

Sabedoria, livro da 164
2,23-24 171

Salmos
77 168n.
111,10 138

Samuel, livros de 19, 87n.

Urim e Tummim 19

Coleção Reflexões Junguianas
Assessoria: Dr. Walter Boechat

- *Puer-senex – Dinâmicas relacionais*
Dulcinéia da Mata Ribeiro
Monteiro (org.)
- *A mitopoese da psique – Mito e individuação*
Walter Boechat
- *Paranoia*
James Hillman
- *Suicídio e alma*
James Hillman
- *Corpo e individuação*
Elisabeth Zimmermann (org.)
- *O irmão: psicologia do arquétipo fraterno*
Gustavo Barcellos
- *Viver a vida não vivida*
Robert A. Johnson e Jerry M. Ruhl
- *O feminino nos contos de fadas*
Marie-Louise von Franz
- *Re-vendo a psicologia*
James Hillman
- *Sonhos – A linguagem enigmática do inconsciente*
Verena Kast
- *Introdução à Psicologia de C.G. Jung*
Wolfgang Roth
- *O encontro analítico*
Mario Jacoby
- *O amor nos contos de fadas*
Verena Kast
- *Psicologia alquímica*
James Hillman
- *A criança divina*
C.G. Jung e Karl Kerényi
- *Sonhos – Um estudo dos sonhos de Jung, Descartes, Sócrates e outras figuras históricas*
Marie-Louise von Franz
- O livro grego de Jó
Antonio Aranha
- *Ártemis e Hipólito*
Rafael López-Pedraza
- *Psique e imagem – Estudos de psicologia arquetípica*
Gustavo Barcellos

- *Sincronicidade*
Joseph Cambray
- *A psicologia de C.G. Jung*
Jolande Jacobi
- *O sonho e o mundo das trevas*
James Hillman
- *Quando a alma fala através do corpo*
Hans Morschitzky e Sigrid Sator
- *A dinâmica dos símbolos*
Verena Kast
- *O asno de ouro*
Marie-Louise von Franz
- *O corpo sutil de eco*
Patricia Berry
- *A alma brasileira*
Walter Boechat (org.)
- *A alma precisa de tempo*
Verena Kast
- *Complexo, arquétipo e símbolo*
Jolande Jacobi
- *O animal como símbolo nos sonhos, mitos e contos de fadas*
Helen I. Bachmann
- *Uma investigação sobre a imagem*
James Hillman
- *Desvelando a alma brasileira – Psicologia junguiana e raízes culturais*
Humbertho Oliveira (org.)
- *Jung e os desafios contemporâneos*
Joyce Werres
- *Morte e renascimento da ancestralidade da alma brasileira – Psicologia junguiana e o inconsciente cultural*
Humbertho Oliveira (org.)
- *O homem que lutou com Deus – Luz a partir do Antigo Testamento sobre a Psicologia da Individuação*
John A. Sanford

CULTURAL

Administração – Antropologia – Biografias
Comunicação – Dinâmicas e Jogos
Ecologia e Meio Ambiente – Educação e Pedagogia
Filosofia – História – Letras e Literatura
Obras de referência – Política – Psicologia
Saúde e Nutrição – Serviço Social e Trabalho
Sociologia

CATEQUÉTICO PASTORAL

Catequese – Pastoral
Ensino religioso

REVISTAS

Concilium – Estudos Bíblicos
Grande Sinal – REB

TEOLÓGICO ESPIRITUAL

Biografias – Devocionários – Espiritualidade e Mística
Espiritualidade Mariana – Franciscanismo
Autoconhecimento – Liturgia – Obras de referência
Sagrada Escritura e Livros Apócrifos – Teologia

VOZES NOBILIS

Uma linha editorial especial, com importantes autores, alto valor agregado e qualidade superior.

PRODUTOS SAZONAIS

Folhinha do Sagrado Coração de Jesus
Calendário de mesa do Sagrado Coração de Jesus
Agenda do Sagrado Coração de Jesus
Almanaque Santo Antônio – Agendinha
Diário Vozes – Meditações para o dia a dia
Encontro diário com Deus – Guia Litúrgico

VOZES DE BOLSO

Obras clássicas de Ciências Humanas em formato de bolso.

CADASTRE-SE
www.vozes.com.br

EDITORA VOZES LTDA.
Rua Frei Luís, 100 – Centro – Cep 25689-900 – Petrópolis, RJ
Tel.: (24) 2233-9000 – Fax: (24) 2231-4676 – E-mail: vendas@vozes.com.br

UNIDADES NO BRASIL: Belo Horizonte, MG – Brasília, DF – Campinas, SP – Cuiabá, MT
Curitiba, PR – Fortaleza, CE – Goiânia, GO – Juiz de Fora, MG
Manaus, AM – Petrópolis, RJ – Porto Alegre, RS – Recife, PE – Rio de Janeiro, RJ
Salvador, BA – São Paulo, SP